Digital Marketing Guide

डिजिटल मार्केटिंग गाइड

SEO(Search Engine Optimisation)
SMO(Social Media Marketing)
SEM(Search Engine Marketing)

Facebook | Affiliate Marketing |
Google | Youtube | Google Adwords

Digital Marketing Guide

Digital Marketing Guide

Krishan Kant
ACKNOWLEDGEMENT

Many thanks to all whose support , care and Motivation helped me and spurred me on in the writing of this Book . I am especially grateful to my family for their encouragement and thoughtful words that always came at the right time , providing the needed drive to make this book a success for the valuable help they rendered from my childhood until now and throughout this project , I really do appreciate their support and love kept me going – ensuring I never entertained the thought of relenting until my aim was achieved . They are the best Partners I can ever dream of and they given me their absolute Best !

डिजिटल मार्केटिंग और व्यापार

ई-कामर्स हमारे देश में बहुत प्रसिद्ध हो गया है और नौकरियो के नए अवसर पैदा कर रहा है। यह परंपरागत व्यवसायों की तुलना में कई गुणा बढ़ रहा है। हम ओला, उबेर, मेरु का उदाहरण लेते हैं। हम पाएंगे कि ये कम्पनियाँ 5 लाख से ज्यादा ड्राइवर तैयार कर चुकी हैं और एक सम्मानीय नौकरी का अवसर प्रदान कर रही है।

डिजिटल दुनिया में हम कंप्यूटर और इंटरनेट का इस्तेमाल कर सभी कामों को कर रहे हैं। इंटरनेट ने बैंकिंग, खरीदारी, टिकट बुकिंग और अन्य बहुत सारे कार्यों को आसान बना दिया है। हम कंप्यूटर और इंटरनेट का इस्तेमाल करके बिजली, पानी और मोबाइल का बिल भर

सकते हैं। हमें मूवी की टिकट बुक करने के लिए घंटो लाइन में लगने की जरूरत नहीं है। हम अपने मोबाइल से ही मूवी की टिकट बुक कर सकते हैं। डिजिटल दुनिया ने हमारी ज़िंदगी को आसान बनाया है और हमें आत्मनिर्भर ।

टॉप E-Commerce कम्पनियाँ और उनकी कार्यप्रणाली

आप ई-कॉमर्स के लिए जिन वेबसाइट का उपयोग करते हैं वो सब 'ई-कॉमर्स वेबसाइट' कहलाती हैं। भारत की कुछ लोकप्रिय ई-कॉमर्स वेबसाइट में जबोंग (Jabong), मंत्रा (Myntra), बुक माय शो, स्नेपडील्स (snapdeal.com), इंडिया टाइम्स नेटवर्क्स शामिल है। गूगल और फेसबुक जैसी वेबसाइट विज्ञापन के लिए आज के युग में महत्वपूर्ण साधन बन गयी है। लोगों की रूचि सामान्य शॉपिंग की बजाय ऑनलाइन शॉपिंग में ज्यादा बढ़ रही है। आज के युग में हम लोग किराने का सामान, कपडे, अपने जरुरत की चीजें और यहां तक की सब्जियां भी ऑनलाइन मंगाते हैं। भारत में ई-कॉमर्स के क्षेत्र में करियर के अवसर (Opportunity) बहुत तेजी से आगे बढ़ रहे हैं, क्योंकि भारत में ऑनलाइन शॉपिंग के प्रति झुकाव बहुत ज्यादा बढ़ रहा है, जिससे अनेक नई प्रकार की वेबसाइट ई-कॉमर्स के क्षेत्र में आ रही हैं।

Digital Marketing Guide

डिजिटलिटेशन(Digitalisation) ने हमारी लाइफ को बहुत आसान कर दिया है। आज हम बिना किसी कठिनाई के कार्यों को घर बैठे आसानी के साथ पूरा कर सकते है।

डिजिटलिटेशन (Digitalisation) को देश के हर एक शहर और गांव में पूर्ण रूप से स्थायित्व (Stability) करना चाहिए, जिससे न केवल शहरी लोग बल्कि ग्रामीण लोग भी इसका फायदा उठा सकें। यह देश के हर एक नागरिक के लिए उपयोगी साबित हो रहा है। इससे समय व मानव श्रम की बहुत बचत होती है। डिजिटलिटेशन (Digitalisation) की मदद से हमारे ग्रामीण गांव व नगर भी तकनीकी क्षेत्रों में पहले से ज्यादा उन्नति प्राप्त कर सकते हैं। डिजिटलिटेशन (Digitalisation) हमारे

<u>Digital Marketing Guide</u>

भारत को विश्व का एक बेहतरीन नियंत्रित स्थान बना सकता है। आपको सिर्फ एक बिज़नेस वेबसाइट बनवानी है या आप खुद भी सरल वर्डप्रेस ब्लॉग (wordpress blog) बना सकते हैं। आप अपने प्रोडक्ट्स और सर्विसेज उस ब्लॉग या वेबसाइट पर लिस्ट कर सकते हैं। कस्टमर्स (Customer) जब आपकी साइट पर आएंगे तो वो आपके बिजनेस के बारे में जान पाएंगे पर आपको ये पता होना चाहिये कि आप किस तरह कस्टमर्स को अपनी साइट पर ले के आएंगे। सोशल मीडिया चैनल्स तो आप जरूर इस्तेमाल करते होंगे। जी हां, हम बात कर रहे हैं फेसबुक, विटर, इंस्टाग्राम और लिंकेडीन (linkdin) की। आप अपना बिज़नेस पेज इन वेबसाइट पर बना सकते हैं और लोगो को इस पेज से कनेक्ट कर सकते हैं। आप जरूरी updates और बिज़नेस की जानकारी अपने सोशल मीडिया एकाउंट्स पर अपलोड कर सकते हैं। हर पोस्ट के साथ आप अपने वेबसाइट का लिंक मेंशन कर सकते हैं, ताकि लोग इसे देखें और क्लिक करके आपकी साइट तक आ पाएं।

अब हम बात करते हैं बहुत ही उपयोगी और लाभकारी तरीको की जी हां, आपने डिजिटल मार्केटिंग का नाम शायद ही सुना होगा मगर ये बहुत ही जरूरी मार्केटिंग तकनीक है। अगर आप अपना बिज़नेस ऑनलाइन प्रमोट करवाना चाहते हो तो आपको डिजिटल मार्केटिंग का सहारा लेना होगा। डिजिटल दुनिया के इस दौर में लोग हर सर्विस और प्रोडक्ट

इंटरनेट की मदद से खोजते है। आपकी वेबसाइट सर्च इंजिन्स के पहले, दूसरे या तीसरे पेज पर अगर शो होती है तो लोग उस लिस्टिंग से आपकी साइट पर पहुंचते हैं और आपके प्रोडक्ट और सर्विसेज के बारे में जानकारी लेते हैं। ऐसे ही सोशल मीडिया चैनल्स के माध्यम से भी लोग आपकी साइट तक पहुंचते हैं।

'ई-कॉमर्स क्या है?

डिजिटल दुनिया ने हमें रोजगार के नए अवसर प्रदान किए हैं और हमें एक लेटफार्म दिया है, ताकि हम अपने व्यापार को सिर्फ एक जगह तक सीमित न करे बल्कि इसे देशविदेश तक बढ़ाये। जी हाँ, हम बात कर रहे हैं ई-कॉमर्स वेबसाइट की । ई-कॉमर्स का मतलब आप भलीभांति जानते होंगे। अपना व्यापार कंप्यूटर और इंटरनेट का उपयोग करना ही ई-

कॉमर्स कहलायेगा । आप किसी भी तरह का व्यापार करते हैं या कोई सर्विस प्रोवाइड कराते हैं, आप अपना बिजनेस ई-कॉमर्स का उपयोग करके बढ़ा सकते हैं ।

ई-व्यवसाय या ई-कॉमर्स, ये बहुत ही आम नाम हैं, जो हर इंसान की जुबान पर है। हर व्यक्ति ई-कॉमर्स का इस्तेमाल करके पैसे कमा रहा है। आप भी इस विषय के साथ एक उज्जवल और शानदार करियर बना सकते हैं। आप इंटरनेट बैंकिंग कर रहे हैं या ऑनलाइन शॉपिंग कर रहे हैं तो आप भी ई-कॉमर्स उसे कर रहे हैं।

'डिजिटल मार्केटिंग के अन्य प्रकार हैं-

सर्चइंजन ऑप्टिमाइजेशन (Search Engine Optimization)

सर्च इंजन ऑप्टिमाइजेशन या SEO का काम किसी भी Website, प्रोडक्ट या सर्विस को ऑप्टिमाइज़ (Optimize) करके सर्च इंजन पर सबसे टॉप पर लाना और अधिक से अधिक क्लिक यूजर तक पहुंचा देता है। Search Engine Optimization (SEO) में वेबसाइट को डिज़ाइन और डेवलॅप करना। सर्च इंजन पर वेबसाइट के ट्रैफ़िक की क्वालिटी और वॉल्यूम को इम्प्रूव (improve) करना आदि होता है।

• सोशल मीडिया ऑप्टिमाइजेशन (Social Media Optimization) सोशल मीडिया ऑप्टिमाइजेशन SEO का ही एक हिस्सा है, इसमें सोशल मीडिया ऑप्टिमाइजेशन से सोशल एक्टिविटी

करके वेबसाइट वस्तु या सेवाएं एक बेहतर सर्च रैंक दिलाकर विज़िटर्स को आकर्षित करने की विधि है। इसमें शेयर, लाइक, पोस्ट, वीडियो, कमेंट आदि का सहारा लिया जाता है।

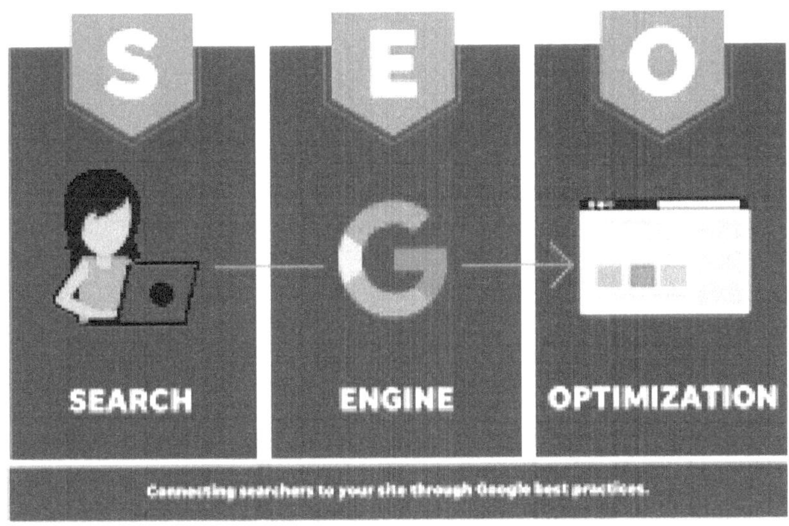

ईमेल मार्केटिंग (Email Marketing) ईमेल मार्केटिंग एक ऐसी प्रक्रिया है, जिसे हम अपने प्रोडक्ट, सर्विस की जानकारी ईमेल के द्वारा लोगो तक आसानी से पहुंचाई जाती है। ईमेल मार्केटिंग डिजिटल मार्केटिंग या SEO ही का एक रूप है।

पे-पर-क्लिक (Pay Per Click)

पेपरक्लिक, यह एक एडवरटाइजिंग मॉडल है, जो किसी भी वेबसाइट पर विज्ञापन दिखाता है और यदि कोई इन विज्ञापन पर क्लिक करता है तो विज्ञापन देनेवाले यूजर को प्रति क्लिक के हिसाब से पैसे देते हैं, जो 'पेपर क्लिक 'कहा जाता है। जिससे विज्ञापन देनेवाली कंपनी के प्रोडक्ट की मार्केटिंग और सेल्स होती है। Google, Facebook प्रमुख 'पेपरक्लिक' एडवरटाइजिंग मॉडल कंपनी है।

<u>Digital Marketing Guide</u>

कंटेंट मार्केटिंग (Content Marketing) कंटेंट मार्केटिंग एक ऐसी प्रक्रिया है, जिसमें विक्रय होनेवाली वास्तु या सेवा के बारे में स्पष्ट, सरल और उसके गुणवत्ता को दर्शाता है, कंटेंट को इस तरह लिखा जाता है, जिससे ग्राहक वस्तु या सेवा की गुणवत्ता और उपयोगिता को पढ़कर उसे खरीदने या अधिक जानने में रूचि रखने लगता है।

कंटेंट मार्केटिंग सामग्री को विभिन्न स्वरूपों में प्रस्तुत किया जा सकता है, जिसमें ब्लॉग, ई-पुस्तकें, केस स्टडी, प्रश्न और उत्तर लेख, forums, समाचार और समय समय पर नए अपडेट, चित्र, बैनर, इन्फोग्राफिक्स, | podcasts, webinars, वीडियो और कंटेंट आदि शामिल हैं। इन कंटेंट को माइक्रोब्लॉगिंग और सोशल मीडिया साइटों के लिए तैयार की जाती है, तैयार कंटेंट सामग्री को सभी माइक्रोब्लॉगिंग और सोशल मीडिया साइटों पर पोस्ट किया जाता है। आपको रचनात्मक तरीके से अपने सम्बंधित किसी भी विषय पर सामग्री बना सकते हैं और फिर इसे अप्रत्यक्ष रूप से अपने व्यवसाय से जोड़ सकते हैं।

आप जब कभी भी कोई प्रोडक्ट सर्च करते हैं तो आप सर्च इंजन के माध्यम से उस साइट पर पहुंचते हैं। ज्यादातर तो ई-कॉमर्स साइट्स लोग नाम से भी जानने लग गए हैं और इन साइट्स के यूआरएल (URL) भी उन्हें याद हैं तो आप भी उन्ही ई-कॉमर्स वेबसाइट में से एक हो सकते हैं। अगर आप डिजिटल मार्केटिंग टेक्निक्स को अपनाए और इनके बारे में और जानें।

आज के युग में किसी भी व्यसाय को देश-विदेश में प्रसिद्ध करने और अपने उत्पादक का क्रय-विक्रय करने के लिए ई-कॉमर्स वेबसाइट सबसे सरल और उत्तम साधन है। ई-कॉमर्स वेबसाइट की उपयोगिता है- 'कम से कम कर्मचारियों द्वारा कम समय पर अधिक से अधिक वस्तु का विक्रय और लाभ करना'। जिसके लिए ई-कॉमर्स वेबसाइट कंपनी फिक्स चार्ज या कमीशन लेती है। यदि उत्पादक या विक्रय-कर्ता अपने वस्तु की गुणवत्ता और मात्रा (Stock) का लेखा जोखा रखता है तो ई-कॉमर्स वेबसाइट साधन उत्तम और उपयोगी है।

INTERNET MARKETING द्वारा BUSINESS BANDING AND PROMOTION

किसी भी व्यापार या कारोबार को बढ़ाने में ग्राहक का एक विशेष स्थान है, अगर आप कोई कारोबार करते हैं तो आप जानते होंगे कि ग्राहक को आकर्षित करना आसान नहीं होता, वो भी आज के समय में, जहाँ कॉम्पिटिशन इतना ज्यादा बढ़ गया है। अगर आप छोटे स्तर का कारोबार करते हैं और चाहते हैं कि आप ज्यादा से ज्यादा ग्राहको को आकर्षित कर सकें, कुछ महत्त्वपूर्ण कार्य जिससे आसानी से ग्राहको तक पहुंचा जा सकता है।

Digital Marketing Guide

तो चलिए हम आपको बताते हैं कि आप क्या करें।

1. बिज़नेस वेबसाइट

सबसे पहले आपकी एक बिजनेस वेबसाइट होनी चाहिए, जिसमें आप अपनी सर्विसेज या प्रोडक्ट्स के बारे में पूरी जानकारी दे सके। इससे आप ज्यादा से ज्यादा अपने ग्राहकों का भरोसा जीत पाएंगे।

2. ई-मेल मार्केटिंग

आप ई-मेल मार्केटिंग के जरिये लोगों को अपने बिज़नेस के बारे में अवगत करा सकते हैं। आपको पता ही होगा कि ई-मेल मार्केटिंग लोगों तक पहुंचने की कितनी आसान और कम खर्चीली तरकीब है।

3. सर्च इंजन ऑप्टिमाइजेशन (SEO: Search Engine Optimization)

आप अपनी वेबसाइट का SEO करा सकते हैं। ये वो तकनीक है, जिसके जरिये आप सर्च इंजिन्स जैसे गूगल, याहू, बिंग की सर्च लिस्टिंग में आ सकते हैं। आपकी वेबसाइट इन रिजल्ट्स में शो हो सकती है। अब आप खुद भी जानते होंगे कि लोग सर्च इंजिन्स को कितना ज्यादा इस्तेमाल करते हैं। अब मान लीजिए कि आपकी फूलों की सप्लाई करते हैं या आप फूलों का व्यापार करते हूँ और दिल्ली के आस पास के इलाके में आप फूलों की सप्लाई करते हैं। अब कोई गूगल में ये सर्च करें, 'फूलों के

सप्लायर दिल्ली' तो गूगल अपने रिजल्ट्स में सारे सप्लायर दिखाएगा, जो दिल्ली में फूलों की सप्लाई करते हैं, अगर आपने कोई बिज़नेस वेबसाइट नहीं बनवा रखी और आप SEO भी नहीं करवा रहे तो आपके लिए मुश्किल हो जाएगा नए ग्राहक बनाना, जो आप सर्च इंजन के प्रयोग से बना सकते हैं।

4. न्यूसपेपर और मॅगज़ीन (Newspaper or Magazine)

ये एक बहुत अच्छा माध्यम है लोगों तक पहुंचने का, आप अख़बार में इश्तेहार दे सकते हैं और ग्राहकों को आकर्षित कर सकते हैं, जैसे हम देखते हैं दिवाली या त्योहारों के सीजन में अख़बार में बहुत सारे इश्तेहार आने लगते हैं, चाहे वो फर्नीचर का व्यापारी हो या सोने के जेवरातों का। लोग इन इश्तेहारों को देख कर आपके बारे में जान पाते हैं और मौका मिलने पर वो आपकी सर्विसेज या प्रोडक्ट्स जरूर खरीदते हैं।

5. फ्री-स्कीम्स

Discount and Deals हमेशा से ही लोगों को आकर्षित करते आ रहे हैं, अगर आपके प्रोडक्ट्स की क्वालिटी अच्छी है और आप एक प्रोडक्ट पर एक की स्कीम पर भी काम कर रहे हैं तो यक़ीनन आप ज्यादा ग्राहक बटोर पाएंगे और भरोसा भी। आज कल इंटरनेट पर बहुत से वेबसाइट डील, कूपन में अपना कार्य करते हैं, उन वेबसाइट से सम्पर्क करके आप

अपने वस्तु को प्रसार कर सकते है वो भी मुफ़्त में आप को केवल कुछ अधिक छूट देनी होगी अपने विक्रय वस्तु पर जो की कूपन, डिस्काउंट, या त्यौहार के दिन पर होगा। (eg. http://deal.easytradeway.com)

16. सोशल मीडिया (Social Media)

Social media पर आप अपना बिज़नेस प्रमोट करें। मान लीजिए, आप wedding accessories and dresses के कारोबार में हाँ तो आप facebook, twitter, instagram, pinterest पर अपना account बनायें। यहाँ आपको फ्री बिजनेस पेज बनाने का ऑप्शन मिलता है। आप यहाँ से लोगो को अपने पेज या ग्रुप में जोड़ सकते हो और कस्टमर्स से direct interact भी कर सकते हो।

कुछ प्रमुख सोशल मीडिया वेबसाइट हैं-

- https://www.facebook.com/login/
- https://twitter.com/
- https://plus.google.com/
- https://www.stumbleupon.com/
- https://www.reddit.com/
- https://www.linkedin.com/
- https://www.pinterest.com/

7. लोकप्रिय स्थानीय व्यापार निर्देशिकाएँ (Popular Local Business Directories)

आप अपना बिज़नेस इन Popular Local Business Directories पर लिस्ट करा सकते हो, ताकि अगर आपके बिज़नेस को कोई ऑनलाइन सर्च करे तो आपका बिज़नेस डिस्प्ले हो। जिससे आप तक ग्राहक आप में नाम से या विक्रय वास्तु का। नाम को सर्च करके भी आप तक पहुंच सकता है।

Popular Local Business Directories:

➢ Yellowpages.com

  https://www.yellowpages.com/

➢ Yelp **https://www.yelp.com/**

- Local.com www.local.com/
- White Pages.com
  https://www.whitepages.com/
- SuperPages https://www.superpages.com/
- City Search www.citysearch.com/
- Patch **https://patch.com/**
- City-Data www.city-data.com/
- MerchantCircle **www.merchantcircle.com/**
- Yellowbook.com **www.yellowbook.com/**
- Yahoo Local
  https://smallbusiness.yahoo.com/local-listings

8. रेफरल विपणन (Referral Link)

रेफरल विपणन किसी भी ग्राहकों, भागीदारों या कर्मचारियों को अपने उत्पाद या सेवा के लिए अपने व्यक्तिगत और व्यावसायिक नेटवर्क के माध्यम से रिफरल करने की प्रक्रिया है जिसमें जब कोई मौजूदा ग्राहक, पार्टनर या कर्मचारी आपको उस वस्तु या सेवा का उल्लेख करके उसकी गुणवत्ता तथा उपयोगिता को बताता है, जिससे उस वस्तु या सर्विस की विश्वसनीयता बनती है और इस तरह लिंक में एक-एक करके व्यक्ति

जुड़ते जाते हैं, जिससे उन व्यक्तियो व व्यावसायिक नेटवर्क को विक्रय वस्तु पर commission प्राप्त होता है।

9. सहबद्ध विपणन (Affiliate Marketing)

Affiliate Marketing Program उस कंपनी या आर्गेनाईजेशन (Organisation) के द्वारा प्रयोग किया जाता है, जो Affiliate Program के जरिये अपने प्रोडक्ट्स या सर्विस को प्रमोट करती है और 'जिसके लिए कंपनी अपने प्रोडक्ट या सर्विस से जुड़े Referral Link

देती है। इस प्रोग्राम के जरिये कंपनियां अपने प्रोडक्ट्स प्रमोट करती हैं और ये प्रोग्राम ऑफर करती हैं, जिसके लिए एफिलिएट प्रोग्राम कंपनी अपने विक्रय प्रोडक्ट या सर्विस के लिए कमीशन देती है और Affiliate Program के द्वारा पूरे वर्ल्ड में अपना प्रोडक्ट विक्रय करती है, जिससे कंपनी की अच्छी ब्रांडिग भी हो जाती है।

10. वीडियो विपणन (Video Marketing)

वीडियो विपणन एक प्रकार का इंटरनेट मार्केटिंग और विज्ञापन है, वीडियो विपणन एक ऐसा कार्य है, जिसमें वीडियो के उपयोग के माध्यम से मार्केटिंग की जाती है। आज इंटरनेट पर बहुत से ऐसे वेबसाइट हैं, जैसे यूट्यूब, इंस्टाग्राम आदि वीडियो विपणन द्वारा कोई भी सामग्री,

संदेश या सर्विस का प्रचार कर सकते हैं। कुछ प्रमुख वेबसाइट इस प्रकार हैं, जिस पर आप अपने वीडियो का अचार और प्रसार कर सकते हैं।

- www.youtube.com

- www.instagram.com

- www.Vube.com

- www.Dailymotion.com

- www.Vimeo.com

- www.slideshare.net

- www.liveleak.com

- www.instructables.com

- www.ustream.tv आदि।

11. रिटारगेटिंग और रीमार्केटिंग

रिटारगेटिंग या रीमार्केटिंग उन ग्राहकों को लक्षित करने की एक रणनीति है जो आपकी वेबसाइट पर आ चुके हैं। यह cookie (कुकी) तकनीक पर आधारित है। रिटारगेटिंग एक पसंदीदा रणनीति के रूप में उभरा है क्योंकि आप उन ग्राहकों को लक्षित करते हैं जिन्होंने पहले से ही आपके व्यवसाय में रुचि दिखाई है और इसलिए रूपांतरण दर इनमें अधिक है।

आप अपनी वेब साइट, सामाजिक नेटवर्क (सोशल मीडिया) या मोबाइल पर रिटारगेटिंग में संलग्न हो सकते हैं। ग्राहकों की खरीद चक्र या रुचि के आधार पर अपनी रणनीतियों की कल्पना करें।

12. मोबाइल मार्केटिंग

ढृता से मोबाइल मार्केटिंग करने का प्रयास करें। याद रखें, मोबाइल उपकरणों के लिए वेबसाइट, एप्लिकेशन और सामग्री को अनुकूलित किया जाना चाहिए।

भारत, 2014 में 581 मिलियन मोबाइल फोन उपयोगकर्ताओं को पार किया और पिछले एक दशक में लगातार वृद्धि हुई है। 2015 में eMarketer के एक सर्वेक्षण के अनुसार, भारत में 2019 में 800 मिलियन से अधिक मोबाइल फोन उपयोगकर्ता होने का अनुमान है।

आज दुनिया में 5.11 बिलियन मोबाइल उपभोक्ता हैं, पिछले एक साल में 100 मिलियन है। 2019 में 4.39 बिलियन इंटरनेट उपयोगकर्ता है, जो जनवरी 2018 के मुकाबले 366 मिलियन (9 प्रतिशत) की वृद्धि है।

इसलिए जैसे-जैसे अधिक लोग स्मार्टफोन, टैबलेट और अन्य मोबाइल उपकरणों का उपयोग करते हैं, मोबाइल बाजार की संभावना बढ़ती रहती है।

13. अभियान पर शोध

आपके विज्ञापनों के साथ पिछले अनुभव के आधार पर आपके दर्शकों के लिए सबसे अच्छा काम करने के लिए आपके पास उचित विचार हो सकते हैं, लेकिन पूरी तरह से अनुसंधान करने और अपने कार्यों का समर्थन करने के लिए आपको उचित डेटा रखने के लिए समय निकालना महत्वपूर्ण है। आप अनुमान लगा सकते हैं कि आपके ग्राहक एक निश्चित तरीके से व्यवहार करेंगे, जब वास्तव में वे पूरी तरह से अलग दिशा में जाते हैं। समय से पहले इसके लिए तैयार रहना आवश्यक है और अपनी मार्केटिंग रणनीति की योजना बनाने के लिए अनुसंधान से प्राप्त जानकारी का उपयोग करें।

14. वायरल मार्केटिंग

वायरल मार्केटिंग एक ऐसी रणनीति है जहां एक अद्वितीय सामग्री ऑनलाइन तेजी से फैलती है, क्योंकि सामग्री को काफी सराहना, साझा और पसंद किया जाता है। यह आपकी वेबसाइट पर ट्रैफ़िक को ब्रांड और

ड्राइव करने का एक शानदार तरीका है। सामग्री किसी भी प्रारूप को ले सकती है; आपको बस रचनात्मक होना चाहिए।

(SEARCH ENGINE MARKETING) सर्च इंजन क्या है?

इंटरनेट पर सूचनाओं का भंडार उपलब्ध है, पर जो जानकारी हमें चाहिए, ढूंढ पाना बिल्कुल भी संभव न हो पाता, अगर सर्च इंजन जैसे कम्प्यूटर इंटरनेट प्रोग्राम्स न होते। सर्च इंजन वांछित सूचनाओं को वेब पर ढूंढने का आसान तरीका है? वेब पर अनगिनत वेब पेज और लाखों वेबसाइट हैं, अब आपको जिस वेब पेज पर वो सूचना मिल सकती है, ये अंदाजा लगाना जरा कठिन होता, अगर शोधकर्ताओं ने सर्च इंजन न बनाये होते।

Digital Marketing Guide

ये वो कंप्यूटर प्रोग्राम्स हैं, जो वेब को कीवर्ड (keyword) द्वारा खोजने और उनको " विभिन्न तरीको से इंडेक्स करने के लिए लिखे गए हैं। ये प्रोग्राम्स वांछित सूचनाओं को आपके लिए सर्च करते हैं। इन्ही प्रोग्राम्स को सर्च इंजिन्स, सोबोट्स, क्रॉलर्स या स्पाइडर्स कहा गया है, हम कह सकते हैं कि सर्च इंजन * किसी भी टॉपिक पर इनफार्मेशन कम समय में सर्च करने की तकनीक है।

साधारण भाषा में "किसी व्यक्ति, वस्तु, स्थान या विषय की एक ही वेबसाइट के सर्च टूल पर अधिक से अधिक जानकारी प्राप्त करवाने वाले वेबसाइट को सर्च इंजन कहा जाता है"।

मान लीजिये, आपको आपके शहर के बेस्ट स्कूल की जानकारी चाहिये तो आप क्या कीजिएगा? आप सबसे पहले इंटरनेट की सहायता से सर्च इंजिन्स पर सर्च करेंगे। वो भी गूगल, याहू या बिंग आदि के सर्च बॉक्स में टाइप करके। अब ये गूगल, याहू और बिंग क्या है? अरे जनाब! यही तो है सर्च इंजिन्स, जो आपको कुछ सर्च करके दे, वही है ये सर्च इंजिन्स। ये इंटरनेट से किसी भी जानकारी को आपके लिए ढूंढ के लाते हैं।

सर्च इंजन वेबसाइट में गूगल सर्च काफी लोकप्रिय है। गूगल के विशेष प्रोग्राम्स होते हैं, जो किसी भी इनफार्मेशन को वेब पर ढूंढने में मदद करते हैं। 'Google क्रॉलर्स', किसी भी प्रोग्राम के लिए एक सामान्य शब्द है (जैसे रोबोट या स्पाइडर), जिसका उपयोग स्वचालित रूप से एक वेबपेज

से दूसरे वेबपेज लिंक पर सम्बंधित वेबसाइटों को खोजने और स्कैन करने के लिए किया जाता है। Google के मुख्य क्रॉलर को Googlebot कहा जाता है। अधिक गूगल कॉलर्स की जानकारी के लिए लिंक पर क्लिक करें-

- https://support.google.com/webmasters/answer/1061943 ?hl=en

'सर्च इंजन के कई प्रकार हैं, कुछ महत्पूर्ण Search Engine निम्नलिखित है:

Google अपने एल्गोरिदम को नियमित रूप से अपडेट करता है ताकि | केवल प्रासंगिक परिणाम सामने आए। Google एल्गोरिथ्म हेरफेर को रोकने की कोशिश करता है और उन साइटों को फ़िल्टर करता है जो SERPs (सर्च इंजन रिजल्ट पेज) के शीर्ष पर होने के लायक नहीं हैं। इसलिए इसमें कोई संदेह नहीं है कि आपको SEO (एसईओ) कार्य में निवेश करना चाहिए। आपकी वेबसाइट व्यसाय सामग्री से मेल खाने वाली तकनीकी, मेल-मिलाप, अनुक्रमण, और गैर-पाठ सामग्री की व्याख्या से संबंधित तकनीकों को संबोधित करना चाहिए। याद रखें, यह सबसे प्रभावी विपणन रणनीति है जो आपके व्यवसाय के लिए टैफिक लाएगी।

Google Search Engine

- 'Web URL: https://www.google.co.in

Yhaoo Search Engine

- Web URL: https://in.yahoo.com/

Bing Search Engine

- 'Web URL: https://www.bing.com/

Ask Search Engine

- 'Web URL: https://ask.com/

Business में सर्च इंजन का महत्व?

बिज़नेस में सर्च इंजन का अत्यधिक विशेष महत्व है। आप अगर अपना बिज़नेस ऑनलाइन प्रमोट करना चाहते हैं तो आपको सर्चइंजन के रिजल्ट Pages पर अपना बिजनेस लिस्ट करवाना होगा। मान लीजिए, अगर आप कपड़ो का व्यापार करते हैं और आपकी अपनी वेबसाइट भी है, मगर लोग उस वेबसाइट के बारे में नहीं जान पाएंगे, जब तक आपकी वेबसाइट विजिट नहीं कर लेते।

आप सोच रहे होंगे कि आखिर आप कैसे लोगो तक ये बात पहुँचाएँ कि आपका कपड़ो का बिज़नेस है और आपकी वेबसाइट भी है, जिसके ज़रिये लोग कपड़े खरीद सकते हैं। अगर ऐसा हो जाए कि लोग सर्च इंजन में "वीमेन क्लॉथ" (women cloth) सर्च करें और आपकी वेबसाइट सर्च इंजन रिजल्ट पेजेज में दिख जाए, तो वो जरूर वहाँ से आपकी

वेबसाइट के लिंक पर क्लिक करके आपकी वेबसाइट तक आसानी से पहुंच जाएंगे, तो हुआ ना सर्च इंजिन्स का आपके बिज़नेस से लिंक।

SEO सर्च इंजन ऑप्टिमाइज़ेशन

सर्च इंजन ऑप्टिमाइज़ेशन या SEO का काम किसी भी Website, प्रोडक्ट या सर्विस को ऑप्टिमाइज़ (Optimize) करके सर्च इंजन पर सबसे टॉप पर लाना और अधिक से अधिक क्लिक यूज़र तक पहुँचाना होता है। Search Engine Optimization (SEO) में वेबसाइट को डिज़ाइन और डेवलॅप करना, सर्च इंजन पर वेबसाइट के ट्रैफ़िक की क्वालिटी और वॉल्यूम को इम्प्रूव (improve) करना आदि होता है।

अब आप सोच रहे होंगे, कैसे सर्च इंजन के सर्च लिस्टिंग में अपना | बिज़नेस लिस्ट करा सकते हैं। ये बहुत ही आसान तरीका है, आप सर्च | इंजन ऑप्टिमाइज़ेशन का सहारा ले सकते हैं आप अपनी वेबसाइट को पोजीशन पर लाने के लिए सर्च इंजन ऑप्टिमाइज़ेशन इस्तेमाल कर सकते हैं।

SEO ये तकनीक आपकी वेबसाइट को गूगल सर्च के टॉप रिजल्ट्स में और यहाँ निक की 1 पोजीशन पर लाने में मदद करती है, जिससे आपकी वेबसाइट पर visitors की संख्या बढ़ती है और आपके बिजनेस को ज्यादा एक्सपोजर मिलता है, जिससे आपके प्रोडक्ट की पॉपुलैरिटी के साथ साथ ब्रांडिग भी हो जाती है, जिससे आप लोगो का ट्रस्ट भी जीत लेते हैं और आपको लोग भरोसेमंद बिज़नेसमैन मानने लगते हैं। अब आप देखिए, गूगल के सर्च बॉक्स में

Digital Marketing Guide

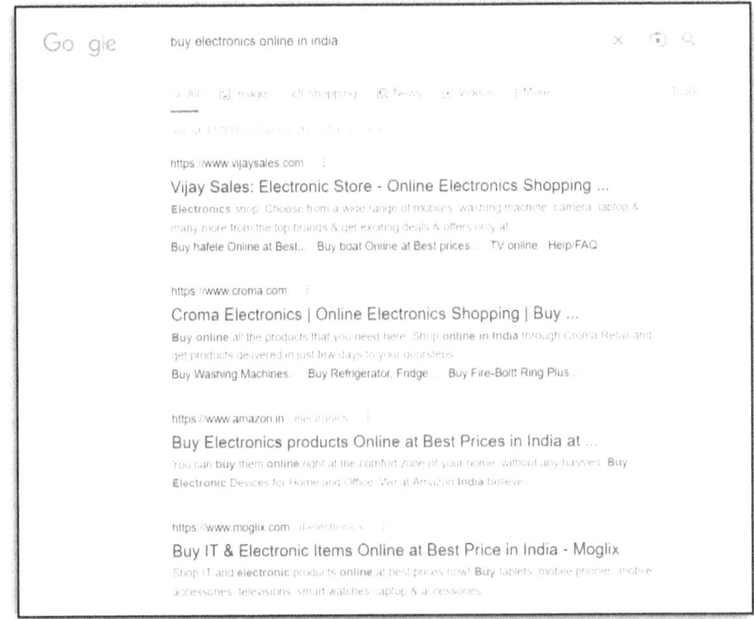

इलेक्ट्रॉनिक्स लिख के सर्च करें, आप देखेंगे कि जो टॉप में 3 रिजल्ट्स डिस्प्ले होते हैं, उन पर लोग ज्यादा क्लिक करते हैं और जाहिर सी बात है, यहाँ से वो उन रिटेलर्स के ऑनलाइन स्टोर्स पर पहुंचते हैं। इसी तरह आपकी भी साइट टॉप रिजल्ट्स में आ सकती है, इसके लिए आपको SEO का इस्तेमाल करना होगा।

सर्च इंजन ऑप्टिमाइजेशन के प्रकार-

- ➤ On Page सर्च इंजन ऑप्टिमाइजेशन
- ➤ Off-Page सर्च इंजन ऑप्टिमाइजेशन

On Page सर्च इंजन ऑप्टिमाइजेशन

जैसा हम जानते हैं कि कोई भी Website बहुत सारे Web Pages को मिलाकर बनाई जाती है, सभी Web Pages को Interlink करके website बनाई जाती है, On Page SEO में पूरे Website को प्रमोट करते हैं, जिससे की Website का प्रत्येक वेब पेज Search Engines में High Ranking पर आ जाये, इसके लिए आपको सर्च इंजन ऑप्टिमाइजेशन तकनीक का सही और उचित प्रयोग करना अनिवार्य है।

On Page SEO का काम आपकी वेबसाइट या ब्लॉग में होता है, इसमें आपकी वेबसाइट / ब्लॉग की डिज़ाइन, वेबसाइट टेम्पलेट, कोड पर काम होता है। वेबसाइट को यूजर फ्रेंडली बनाया जाता है। वेबसाइट को सर्च इंजन की guidelines के अनुसार code और Promote करके सेट करना होता है। सही कीवर्ड्स (Keywords) और सही कंटेंट का इस्तेमाल, ताकि सर्च इंजन ये आसानी से पहचान पाए कि आपकी वेबसाइट या ब्लॉग किस पर सम्बंधित है।

On Page सर्च इंजन ऑप्टिमाइजेशन में महत्वपूर्ण कार्य?

Good Content: किसी भी वेबसाइट के लिए कंटेंट बहुत महत्वपूर्ण है, कंटेंट ही वेबसाइट की उपयोगिता को दर्शाता है, क्या है वेबसाइट,

क्यों है वेबसाइट, क्या प्रोडक्ट है, क्या विक्रय करना है, प्रोडक्ट की क्वालिटी, सर्विस क्यों हम बेस्ट हैं? बड़े- छोटे सभी ग्राहक या उपयोग कर्ता को आपकी वेबसाइट पर आप के सर्विस या प्रोडक्ट की उपयोगिता का सरलता से पता चल जाये, ताकि वेबसाइट पर लगातार विजिटर आते रहें जितना हो सके, नए-नए गुड कंटेंट पोस्ट करते रहना चाहिए, क्योंकि ब्रांडिग के लिए कंटेंट बहुत जरूरी है।

Keywords: सर्च इंजन या इंटरनेट पर हम जो भी टाइप करके या वॉइस सर्च करते हैं, यह सब Keywords कहा जाता है Keyword के द्वारा ही किसी भी प्रोडक्ट, एड्रेस, सर्विस या अन्य कोई भी जानकारी, जिसको हम इंटरनेट पर सर्च करके प्राप्त करते हैं जब भी आप Keyword बनाएं, हमेशा ध्यान में रखें, आप किस प्रोडक्ट या सर्विस के लिए Keywords बना रहे हैं, उस से संबंधित उपयोगिता को लिखें, Keywords बनाने में जल्दबाजी न करें और ध्यान रहे Keywords की संख्या 160 करैक्टर से ज्यादा नहीं होना चाहिए, अच्छे Keyword के बनाने के लिए गूगल सर्च इंजन की मदद लें। अपने Competitor पर रिसर्च करें, फिर Keywords का प्रयोग करें। गूगल सर्च इंजन पर Keyword सम्बंधित सहायता के लिए आप को सर्च करना है

नीचे दिए लिंक पर क्लिक करके 'Keyword Research & Strategy with Keyword Planner' पर सबसे पहले LOGIN

बनाना जरुरी है फिर जिस वेब साइट के लिए कीवर्ड बनाना है उस वेबसाइट का URL लिखना है।

- URL: https://adwords.google.com/home/tools/keyword-planner/

https://adwords.google.com/um/Welcome/Home?a=1&sf=ma&_u=3526972142&authuser=0&dst = / ko/ Keyword Planner / Home?sourceid =awo#ce

Website URL Name

हमेशा कोशिश करें की Website URL और अन्य Web Pages URL आप जो भी कार्य कर रहे हो उससे सम्बंधित होना चाहिए, क्यूंकि रिलेवेंट URL वेबसाइट के सर्च रैंक को जल्दी बढ़ाने में मदद करता है।

Web Pages Title

Website Title या अन्य Web Pages Title को वही नाम दें, जिसमें आप कार्य कर रहे हों और अन्य Web Pages Title पर उस Pages के कंटेंट अनुसार या जो भी Web Pages उनकी उपयोगिता

है। एक अच्छे Website Title की आदिकतम संख्या 65 Characters से अधिक नहीं डोनी चाहिए।

User Friendly Web Pages

User Friendly Web Pages मतलब, जो भी विज़िटर आपकी वेबसाइट पर जाये, उसे आसानी से वह मिल जाये, जो उसे चाहिए। चाहे वह windows कंप्यूटर या फ़ोन से आये या android आदि से, आपकी वेबसाइट User Friendly होनी चाहिए, आप अपने Website Developer को पहले ही बता दें, ताकि बाद में परिवर्तन की जरूरत न हो। Off-Page सर्च इंजन ऑप्टिमाइजेशन

Off-Page SEO के सारे काम आपकी वेबसाइट और ब्लॉग के बाहर होते हैं। इसमें आपकी वेबसाइट और ब्लॉग का प्रमोशन अलग-अलग टेक्निक्स के प्रयोग द्वारा प्रमोट करके जाती है, जैसे Open Directories Submission, Link Building, Forum Posting, Content Marketing, Video Sharing Image Sharing, Business Listing, Classified Posting, Referral Link, Affiliate Marketing, Question & Answers, Reviews Posting इत्यादि।

ये वो महत्त्वपूर्ण कार्य हैं, जिससे आप अपने प्रोडक्ट या सर्विस को लम्बे समय तक सर्च इंजन पर प्रदर्शित (visible) करते हैं, जिससे आप अधिक हिट्स और विजिटर पा सकते हैं, साथ ही आपकी ब्रांडिग और सेल्स पर काफी सकारात्मक असर होता है। आपको इन सभी वेबसाइट के लिंक Google search engine पर आसानी से मिल जायेंगे, आपको ये keyword डालने हैं, जो अलग-अलग कार्य के लिए अलग-अलग हैं, वो इस प्रकर हैं, 'List of Open Directories Submission websites', 'List of Link Building Submission websites, "List of Forum Posting Submission websites,' 'List of Business Listing Submission websites', List of Classified Posting websites etc., आपको इन वेबसाइट के लिंक को अलग- अलग Open करके login करना होता है और संबंधित Submission को Post करना होता है।

Referral Link

रिफरल विपणन किसी भी ग्राहकों, भागीदारों या कर्मचारियों को अपने उत्पाद या सेवा के लिए अपने व्यक्तिगत और व्यावसायिक नेटवर्क के माध्यम से फिरल करने की प्रक्रिया है। जिसमें जब कोई मौजूदा ग्राहक, पार्टनर या कर्मचारी आपको उस वस्तु या सेवा का उल्लेख करके उसकी

गुणवत्ता तथा उपयोगिता को बताता है, जिससे उस वस्तु या सर्विस की विश्वसनीयता बनती है और इस तरह लिंक में एक-एक करके व्यक्ति जुड़ते जाते हैं, जिससे उन व्यक्तियों व व्यावसायिक नेटवर्क को विक्रय वस्तु पर commission प्राप्त होता है।

Affiliate Marketing

Affiliate Marketing Program उस कंपनी या आर्गेनाईजेशन (Organisation) के द्वारा प्रयोग किया जाता है, जो Affiliate Program के जरिये अपने प्रोडक्ट्स या सर्विस को प्रमोट करती है और जिसके लिए कंपनी अपने प्रोडक्ट या सर्विस से जुड़े Referral Link देती है। इस प्रोग्राम के जरिये कंपनियां अपने प्रोडक्ट्स प्रमोट करती हैं और ये प्रोग्राम ऑफर करती हैं, जिसके लिए एफिलिएट प्रोग्राम कंपनी अपने विक्रय भोडक्ट या सर्विस के लिए कमीशन देती है और Affiliate Program के द्वारा पूरे वर्ल्ड में अपना प्रोडक्ट विक्रय करती है, जिससे कंपनी की अच्छी ब्रांडिग भी हो जाती है।

'वीडियो विपणन (Video Marketing)

वीडियो विपणन एक प्रकार का इंटरनेट मार्केटिंग और विज्ञापन है, वीडियो विपणन एक ऐसा कार्य है, जिसमें वीडियो के उपयोग के माध्यम से मार्केटिंग

की जाती है। आज इंटरनेट पर बहुत से ऐसे वेबसाइट हैं, जैसे यू ट्यूब, इंस्टाग्राम आदि। वीडियो विपणन द्वारा कोई भी सामग्री, संदेश या सर्विस का प्रचार कर सकते हैं। कुछ प्रमुख वेबसाइट इस प्रकार है, जिस पर आप अपने वीडियो का अचार और प्रसार कर सकते हैं।

- www.youtube.com
- www.instagram.com
- www.Vube.com
- www.Dailymotion.com
- www.Vimeo.com
- www.slideshare.net
- 'www.liveleak.com
- www.instructables.com
- 'www.ustream.tv आदि।

'सोशल मीडिया Affiliate Marketing

(Facebook, twitter LinkedIn etc.) Social Media एक बहुत ही असरदार जरिया बन चुका है SEO के लिए। आजकल बहुत सी ऐसी Social Media Sites हैं, जो बहुत लोगों द्वारा इस्तेमाल की जा रही हैं हैं। सोशल मिडिया वेबसाइट द्वारा अधिक से अधिक लोगों तक

पहुंचना काफी आसानी से पंहुचा जा सकता है। सोशल मीडिया मार्केटिंग या SMM / SMO आपके SEM मार्केटिंग प्रयासों का एक हिस्सा है। इसमें Facebook, Instagram, ʻTwitter, Pinterest, Google+, Linkedin, आदि सोशल ʻसाइट्स के माध्यम से अपनी व्यवसाय से सम्बंधित Websites या Products का प्रसार परचार और विक्रय किया जा सकता है।

कुछ प्रमुख सोशल मीडिया वेबसाइट हैं-

- https://www.facebook.com/login/
- https://twitter.com/
- https://plus.google.com/
- https://www.stumbleupon.com/
- https://www.reddit.com/
- https://www.linkedin.com/
- https://www.pinterest.com/

कंटेंट मार्केटिंग (Content Marketing)

कंटेंट मार्केटिंग एक ऐसी प्रक्रिया है, जिसमें विक्रय होने वाली वस्तु या सेवा के बारे में स्पष्ट और सरल लेख लिख कर उसके गुणवत्ता को बताया जाता है, कंटेंट को इस तरह लिखा जाता है जिससे ग्राहक वस्तु या सेवा

की गुणवत्ता और उपयोगिता को पढ़कर उसे खरीदने या अधिक जानने में रूचि रखने लगता है। ये कंटेंट अलग-अलग वेबसाइट पर आर्टिकल, ब्लॉग के रूप में लिखे जाते है, जिससे वस्तु या सर्विस की अधिक से अधिक प्रचार हो सके इस तरह के अनेक वेबसाइट आप को इंटरनेट पर उपलब्ध है जो की कुछ इस प्रकार है:

Article Posting Website:

- ✓ http://www.articlecity.com/signup /
- ✓ https://www.articlesbase.com/
- ✓ https://hubpages.com/user/new/
- ✓ https://my.ezinearticles.com/
- ✓ http://www.ehow.com/

Blog Posting Website:

- ✓ https://www.blogger.com/
- ✓ https://medium.com/
- ✓ https://www.weebly.com/in
- ✓ https://ghost.org/
- ✓ https://svbtle.com/

'सर्च इंजन ऑप्टिमाइजेशन की Techniques ?

सर्च इंजन ऑप्टिमाइजेशन 2 केटेगरी में डिवाइड किया गया है। वाइट हैट सर्च इंजन ऑप्टिमाइजेशन और ब्लैक हैट सर्च इंजन ऑप्टिमाइजेशन; जो इस प्रकार हैं:

वाइट हैट सर्च इंजन ऑप्टिमाइजेशन: गूगल की guidelines के अनुसार आपकी साइट को सर्च इंजिन्स के लिए ऑप्टिमाइज़ किया जाता है, इसमें ऑथेंटिक टेक्निक्स इस्तेमाल की जाती है, जिससे आपकी साइट को पेनल्टी से बचाया जा सके। ऑथेंटिक टेक्निक्स जैसे, good research, keywords analysis, meta टैग्स, कंटेंट, back linking, link बिल्डिंग और भी ऑथेंटिक टेक्निक्स को इस्तेमाल किया जाता है। ये तकनीक आपको लॉन्ग टर्म रिजल्ट देती हैं।

ब्लैक हैट सर्च इंजन ऑप्टिमाइजेशन:

इस तकनीक को सर्च इंजिन्स सपोर्ट नहीं करते, क्योंकि ये गूगल की guidelines के विपरीत होती है और ये यूजर को ध्यान में ना को ध्यान में रख कर की जाती है। मान लीजिए, 1 महीने बाद 30 / 77 है और आप कहते हैं, ये इवेंट का notification कुछ ही टाइम म गूगल के टॉप रिजल्ट्स में दिखने लगे तो आप जल्दी रैंकिंग के लिए ब्लैक हैट SEO टेक्निक्स इस्तेमाल करते हैं। मगर कुछ टाइम के बाद सर्च इंजिन्स

ऐसी साइट्स को penalize कर देते हैं और इनको सर्च रैंकिंग से निकाल देते हैं।

बिज़नेस के प्रमोशन के लिए सर्च इंजन ऑप्टिमाइजेशन की उपयोगिता:

जैसे हम पहले ही बता चुके हैं, सर्च इंजन बहुत ही उपयोगी है, हमारे बिज़नेस के प्रमोशन के लिए। ये प्रोसेस आपकी साइट्स पर visitors बढ़ाता है और आर्गेनिक ट्रैफिक भी। आपकी इनकम और सेल बढ़ती है। आपका बिज़नेस प्रमोट होता है। ये प्रोसेस बहुत ही उपयोगी है, आपके नई बिज़नेस की ब्रांड बनाने के लिए। आप सोशल मीडिया चैनल्स, ईमेल मार्केटिंग, कंटेंट मार्केटिंग करके भी अपने बिज़नेस को प्रमोट कर सकते हैं।

सर्च इंजन ऑप्टिमाइजेशन सर्विसेज प्रोवाइड करवाने वाली कम्पनियाँ:

आप आसानी से SEO सर्विस प्रोवाइड करवाने वाली कम्पनीज ढूंढ सकते हैं। अब ये आप कैसे ढूंढेंगे, सर्च इंजिन्स का इस्तेमाल करके। जी हां, आप टॉप 100 companies शॉर्टलिस्ट कीजिए और उनकी websites विजिट कीजिए। आप साइट्स पर कस्टमर reviews पढ़ें और उनके प्रीवियस वर्क पर research करें। आप उस कंपनी से उन प्रोजेक्ट्स के बारे में भी बात करिये, जिन पर उन्होंने काम किया है और वो आपके डोमेन के ही प्रोजेक्ट्स हैं।

Digital Marketing Guide

'सर्च इंजन में सावधानियाँ – क्या-क्या करने से बचना चाहिये:

• आप हमेशा वही कम्पनियाँ चुनें, जो आपको White Hat SEO techniques के ज़रिये रिजल्ट्स दिलवाये। ये टेक्निक्स आपके कस्टमर्स को ध्यान में रख कर की जाती है और लॉन्ग टर्म रिजल्ट्स भी लाती है। इन techniques में सर्च इंजिन्स की guidelines फॉलो की जाती है और उनके रूल्स भी ब्रेक नहीं किए जाते। ये केवल कस्टमर पर फोकस्ड होती है।

• आपको ध्यान रखना है कि कभी आपको Black Hat techniques इस्तेमाल नहीं करनी है, क्योंकि ये रैंकिंग फोकस्ड होती है। हालाँकि ये शार्ट टर्म रिजल्ट्स क्विकली ले आती है पर ये सर्च इंजन की guidelines के विपरीत है।

• अगर आपकी SEO सर्विस प्रोवाइडर कुछ ऐसे टेक्निक्स use कर रही है, जो क्विक रिजल्ट्स के लिए अच्छी है पर ये आपकी साइट को penalize करवा सकती है और कभी-कभी सर्च इंजिन्स आपकी साइट्स को बंद भी कर देते हैं। ये ब्लैक हैट techniques कीवर्ड stuffing, link फार्मिंग, hidden टेक्स्ट्स, hidden लिंक्स हो सकते हैं।

SEM (Search Engine Marketing) क्या है?

इंटरनेट मार्केटिंग में दो तरह की मार्केटिंग होती है पहला है सर्च इंजन ऑप्टिमाइजेशन (SEO), जो की मुफ्त कार्य है SEO द्वारा किये गए सभी प्रमोशन अधिक समय तक सर्च इंजन वेबसाइट और दूसरे वेबसाइट पर उपस्थित रहता है, जबकि दूसरा प्रमोशन कार्य है Search Engine Marketing (SEM) यह एक पेड सर्विस है, जिसमें कुछ मूल्य खर्च करके वेबसाइट पर Traffic और विज़िटर को लाया जाता है, जो अलग- अलग Search Engine Marketing वेबसाइट; जैसे गूगल, याहू, बिग सबके अलग-अलग प्लान हैं। गूगल ऐडवईस दुनिया में सबसे अधिक लोकप्रिय PPC विज्ञापन प्रणाली है, adwords platform व्यवसायों को Google.com Search Engine 33 Google Partner Website के एक विशेष स्थान पर प्रदर्शित करता है।

सर्च इंजन मार्केटिंग या SEM मुख्य रूप से भुगतान किए गए प्रयासों के माध्यम से व्यवसाय में ट्रैफ़िक लाने के लिए व्यापक रणनीति हैं। इसलिए | इसे Paid Search Marketing भी कहा जाता है। | SEM का ब्रह्मांड विविध है आपके व्यवसायिक ढांचे पर आधारित, आप PPC (पे-पर-क्लिक) या CPC (मूल्य-प्रति-क्लिक) मॉडल, या CPM (मूल्य प्रति हजार इंप्रेशन) मॉडल चुन सकते हैं। SEM के लिए अलग-अलग प्लेटफॉर्म हैं।

अब तक, Google | AdWords (गूगल नेटवर्क) और बिंग विज्ञापन (याहू चिंग नेटवर्क) सबसे लोकप्रिय हैं।

SEM में डिस्प्ले एडवरटाइजिंग, सर्च रिटारगेटिंग और साइट रीमार्केटिंग, मोबाइल मार्केटिंग और पेड सोशल एडवरटाइजिंग भी शामिल हैं। | आप PPC जैसी एकल-बिंदु रणनीति चुन सकते हैं, या संपूर्ण SEM रणनीति के लिए जा सकते हैं, जिसमें प्रदर्शन और रिटारगेटिंग शामिल हैं। लेकिन आप जो भी करते हैं, सुनिश्चित करें कि आपके काम को विशेषज्ञों द्वारा प्रबंधित किया जाता है क्योंकि गलत नियोजन आपकी लागतों को कम कर सकता है।

मुख्य SEM प्लान इस प्रकार हैं-

PPC (Pay per Click) प्लान

CPC (Cost per Click) प्लान

अगर आपका Online Business है और आप अपने वेबसाइट को जल्द Promote करना चाहते हो तो SEM की मदद से आप जल्दी से Promote कर सकते हो। आपने Google Search Engine में देखा होगा कि Search करते वक़्त, ऊपर कुछ अलग तरह का Ad

Show होता है, ये सबसे ऊपर जो Show होता है तो Visitors इसमें जल्दी Click कर देता है।

SEM Program एक आसान प्रकिया है इस में आप को Google AdWords पर login करना होता है बांकी Google AdWords सभी प्रकार की सहायता प्रदान करता है। Google AdWords SEM मार्केटिंग में आप को कई तरह के Plan मिलते हैं आप आवश्कता अनुसार प्रमोशन कर सकते है जो इस प्रकार है।

- **Search Ads**
- **Display Ads**
- **Video Ads**
- **App Ads**

सम्पूर्ण जानकारी के लिए क्लिक करें:

- https://adwords.google.com/home/tools/keyword-planner/

व्यपार और सर्विस को सर्च इंजन में कैसे प्रचार और प्रसार किया जाए तथा SEO की प्रमुख टेक्निक को सरल और साधारण भाषा में बताने का प्रयास किया गया है जिससे आसानी से किसी भी छोटे-बड़े या नये । व्यापर और सर्विस को इंटरनेट पर प्रचार और प्रसार किया जा सके।

AFFILIATE MARKETING
या सहबद्ध विपणन

ऑनलाइन के बहुत से कार्यों में से एक महत्त्वपूर्ण कार्य हे सहबद्ध विपणन, जिसे Affiliate Marketing कहते हैं, यह एक ऐसा कार्य है, जिससे आप आसानी से ऑनलाइन (Online) पैसे कमा सकते हैं। Affiliate Marketing एक कमीशन Base कार्य है, जो किसी भी कंपनी के Product या Service को अपने Blog. Website या social media के माध्यम से promote या प्रसार करना affiliate marketing कहलाता है, जिसके बदले में वह विक्रेता कंपनी उस व्यक्ति को Affiliate Marketing Company द्वारा विक्रय वस्तु या सर्विस पर कमीशन देती है, यह कमीशन 0.1% से लेकर 25 % तक या अधिक भी हो सकता है। यह प्रोडक्ट की Category पर निर्भर करता है। Affiliate Marketing I Earnings for sigue Book Selling, Web Hosting, Electronics, Software, Domain, Website या फिर कुछ भी हो सकता है।

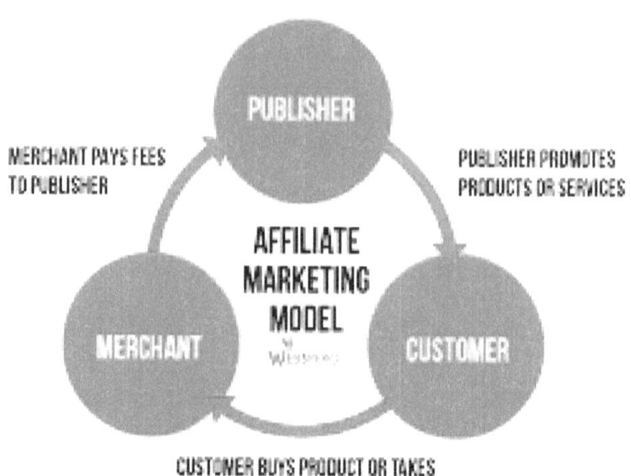

आजकल ब्लॉग्गिंग और website ऑनलाइन से पैसा कमाने का बहुत बड़ा जरिया बन गया है । काफी लोग बहुत सारी टेक्निक्स इस्तेमाल करते हैं अपने ब्लॉग से पैसा कमाने के लिए, जैसे; सर्विस प्रोवाइड करके, " किसी प्रोडक्ट को सेल करके, AdSense, एडवरटाइजिंग, वीडियो, SEO इत्यादि । मगर आज हम बात करने जा रहे हैं, बहुत आसान और सरल तरीके से पैसा कमाने की, हम बात करने जा रहे हैं affiliate marketing की ।

अगर आप कोई ब्लॉग या वेबसाइट प्रयोग करते हैं तो बस आपको उनको इस्तेमाल करके किसी भी आर्गेनाइजेशन या कंपनी की सर्विसेज या प्रोडक्ट्स को प्रोमोट या Recommend करना है । इसके बदले में वो

आर्गेनाईजेशन या कंपनी आपको कमीशन देती है, ये कमीशन उस सेल का कुछ परसेंट (%) हो सकता है या कोई फिक्स्ड अमाउंट भी हो सकता है।

आप अलग-अलग वस्तु या सर्विस के लिए अलग-अलग कमीशन पा सकते हैं, ये प्रोडक्ट्स के हिसाब से फिक्स होता है और ये प्रोडक्ट्स कुछ भी हो सकते हैं, जैसे इलेक्ट्रॉनिक्स, Web Hosting, फुटवेयर्स, क्लोथिंग इत्यादि, जैसा कि पहले बता चुके हैं।

Affiliate Program क्या है?

Affiliate Program उस कंपनी आर्गेनाईजेशन या (Organisation) के द्वारा प्रयोग किया जाता है, जो Affiliate Program के जरिये अपने प्रोडक्ट्स या सर्विस को प्रमोट करती है और 'जिसके लिए कंपनी अपने प्रोडक्ट या सर्विस से जुड़े Referral Link देती है। इस प्रोग्राम के जरिये कंपनियां अपने प्रोडक्ट्स प्रमोट करती हैं और ये प्रोग्राम ऑफर करती हैं, जिसके लिए एफिलिएट प्रोग्राम कंपनी अपने विक्रय प्रोडक्ट या सर्विस के लिए कमीशन देती है और Affiliate Program के द्वारा पुरे वर्ल्ड में अपना प्रोडक्ट विक्रय करती है, जिससे कंपनी की अच्छी ब्रांडिग भी हो जाती है।

अगर आप अपनी ब्लॉग या वेबसाइट के जरिये इन प्रोग्राम्स को प्रयोग करना चाहते हैं तो आप इस प्रोग्राम को ज्वाइन कर सकते हैं। ये प्रोग्राम ऑफर करने वाली कम्पनीज आपको URL लिंक देती है, जिसे Referral Link कहते हैं, जो LINK ADS, TEXT ADS, BANNER ADS, APP के रूप में हो सकती है, जिसे आप अलग-अलग तरीके से अपनी साइट / ब्लॉग पर लगा सकते हैं। अगर आपके ब्लॉग या website पर बहुत सारे Visitors आते हैं तो वो उस लिंक को जरूर देखेंगे और अगर वो उस लिंक या बैनर को क्लिक करके आर्गेनाईजेशन की साइट पर जाते हैं और वो प्रोडक्ट खरीदते हैं तो इसके बदले आप उस आर्गेनाइजेशन से कमीशन प्राप्त करते हैं, है न आसान तरीका एफिलिएट प्रोग्राम के ज़रिये पैसा कमाने का |

संबद्ध विपणन स्टार्टअप्स के लिए विशेष रूप से उपयोगी है, क्योंकि यह उच्च ट्रैफिक साइटो के माध्यम से अपने व्यवसाय में अधिक यातायात लाएगा। संक्षेप में, संबद्ध विपणन व्यापारियों और प्रकाशकों दोनों के लिए एक जीत की स्थिति है।

Amazon, eBay, LinkShare और Flipkart जैसी साइट्स | Affiliate Programs चलाती हैं। वास्तव में, प्रशंसनीय यातायात वाले अधिकांश ऑनलाइन व्यवसायों के अपने स्वयं के संबद्ध कार्यक्रम है।

Digital Marketing Guide

आज के युग में इंटरनेट से रुपया कमाना आसान ही नहीं बल्कि सुरक्षित भी है, बस आपको सही ज्ञान होना चाहिए और आप अपनी आमदनी को कई गुना बढ़ा सकते हैं। किसी भी एफिलिएट प्रोग्राम से जुड़ना बहुत ही आसान है, बस आप जिस किसी भी एफिलिएट प्रोग्राम से जुड़ना चाहते हैं, सबसे पहले उसके बारे में पता कर लें कि वह आपको कितना अच्छा कमीशन देती है क्योंकि अलग-अलग वस्तु पर अलग अलग कमीशन मिलता है।

'हमेशा ध्यान रखें कि उस वस्तु का ही चयन करें, जिसकी मार्किट रिव्यु अच्छी हो और काफी प्रचलित हो, आपको तय करना होता है की आपको क्या-क्या सहबद्ध विपणन (Affiliate marketing) करना है, आपके पास अधिकार है।

आप अपनी ब्लॉग पोस्ट पर कोई भी प्रोडक्ट रेकमेंड कर सकते हैं और वहां उस प्रोडक्ट का Affiliate लिंक भी लगा सकते हैं जब आपके ब्लॉगकारी उस लिंक को क्लिक करके उस साइट पर जाएगा और वो प्रोडक्ट खरीदेगा तो आपको उस प्रोडक्ट की सेल पर कुछ कमीशन मिलेगा, " जिसे आप अपनी एफिलिएट मार्केटिंग से होनेवाली इनकम कह सकते हैं।

बहुत सारी बड़ी कम्पनीज हैं, जो अपना एफिलिएट प्रोग्रामर कर रही हैं। आपको सर्च इंजन की सहायता से वो साइट्स पहचाननी हैं और उन साइट्स पर जाकर उनके एफिलिएट प्रोग्राम को ज्वाइन करना है। एफिलिएट वर्क प्रोवाइडर करवानेवाली कम्पनीज आपसे कुछ इनफार्मेशन मांगती है, जैसे आपका email Id फ़ोन नंबर, बैंक डिटेल्स, एड्रेस । आपकी email Id पर वेरिफिकेशन लिक आता है और फोन नंबर पर कोड, जिससे आपकी इनफार्मेशन को वेरीफाई किया जाता है। एक बार अगर आप registered मेंबर बन जाते हैं तो आपको सारी जानकारी प्रदान कराई जाती है।

Affiliated Marketing के प्रकार क्या है?

Affiliate marketing यूं तो कई प्रकार कि होती है, इसके 3 मुख्य प्रकार हैं:

अपठित सहबद्ध विपणन (Unattached Affiliate marketing)

इस प्रकार Affiliate marketing में affiliates अपनी साइट पर उन उत्पादों और सर्विसेज के ads भी publish कर देते हैं, जिनके बारे यो ज्यादा जानते नहीं हैं। उदाहरण के तौर पर अगर किसी Affiliate का ब्लॉग है, जो फैशन और डिज़ाइनर कपड़ों के बारे में है और उस ब्लॉग

पर वो किसी courier company का ad पब्लिश करता है तो इसे Unattached Affiliate marketing कहा जायेगा।

'सम्बधित सहबद्ध विपणन (Related Affiliate marketing)

इस प्रकार Affiliate marketing में Affiliates अपने ब्लॉग या वेबसाइट पर वो ads पब्लिश या पोस्ट करते हैं, जो उनके ब्लॉग या वेबसाइट से सम्बधित होते हैं। अगर हम बात करें किसी फैशन ब्लॉग की और अगर उस ब्लॉग पेज पर आप किसी फैशन ब्रांड जैसे Fastrack, Levis इत्यादि के ads देखें तो इसे हम 'Related Affiliate marketing' कह सकते हैं।

लिप्त विपणन शामिल (Involved Affiliate marketing)

इस प्रकार Affiliate marketing में Affiliates अपने ब्लॉग में उन उत्पादो या सर्विसेज की मार्केटिंग करते हैं, जो तो खुद इस्तेमाल कर चुके हैं। इस प्रकार Affiliate marketing में ads या बैनर नही लगाए जाते बल्कि affiliates अपने ब्लॉग के कंटेंट में इनका उल्लेख करते हैं और recommend करते हैं। उदाहरण के लिए अगर कोई Affiliate अपने फैशन ब्लॉग में किसी डिज़ाइनर के कपड़ों की तारीफ करता है, जिसके बनाये हुए परिधान उसने इस्तेमाल किये हों तो यह एक प्रकार की Involved Affiliate marketing कहलायेगी।

क्या है E-commerce Affiliate Marketing ?

ई-कॉमर्स (इलेक्ट्रॉनिक कॉमर्स या ईसी) एक इलेक्ट्रॉनिक नेटवर्क पर मुख्य रूप से इंटरनेट के माध्यम से माल और सेवाओं की खरीद और बिक्री या धन या डेटा के प्रेषण है। ये व्यवसाय लेन-देन या तो व्यापार से व्यापार, व्यापार-से- उपभोक्ता, उपभोक्ता से उपभोक्ता या उपभोक्ता से व्यापार के रूप में होते हैं। कोई भी ई-कॉमर्स कंपनी, जो आपको ऑनलाइन सर्विस या उत्पाद वस्तु देती है या जिसकी अपनी कोई वेब पोर्टल है, वो Affiliate Marketing के जरिये अधिक से अधिक वस्तु या सेवा का विक्रय करवाना चाहती है, ऐसी कई companies हैं, जैसे insurance companies, IT companies, क्लॉथ, सॉफ्टवेयर इत्यादि, जो अपनी वेबसाइट के लिए Affiliate marketing करवाती हैं पर जो companies Affiliate marketing कम्पनिग का सबसे ज़्यादा उपयोग करती है, वो है E- commerce websites जो Affiliate marketing करने वाली companies के 90% से ज्यादा क्लाइंट्स E-commerce websites ही हैं। इन E-commerce websites की Affiliate marketing करने की प्रक्रिया को 'E-commerce affiliate marketing' कहा जाता है। बहुत सारे ऑनलाइन स्टोर्स एफिलिएट प्रोग्राम रन करते हैं और इन E-commerce websites में ebay, अमेजन, फ्लिपकार्ट, स्नैपडील

शामिल है। अगर आप इस websites पर उपलब्ध किसी भी प्रोडक्टर पर ब्लॉग लिखते हैं और आपकी साइट का ट्रैफिक इन साइट्स पर डाइवर्ट करते हैं तो आपको बहुत अच्छा अवसर मिलता है पैसा कमाने का मान लीजिए कि आप फैशन पर ब्लॉग लिखते हैं और आपके ब्लॉग पर हजारो डर्स आते हैं तो आप उस ट्रैफिक को उन साइट्स पे डाइवर्ट कर सकते हैं ।

कुछ प्रसिद्ध E-commerce Affiliate Marketing वेबसाइट URL प्रकार हैं।

Flipkart: https://affiliate.flipkart.com/registerme

Amazon: https://affiliate-program.amazon.in/

Matrimonial Affiliate Marketing Program

अगर आप शादी या उनसे जुड़ी तैय्यारियो के बारे में ब्लॉग लिखते हैं तो आपके पास एक बहुत अच्छा मौका है matrimonial Affiliate programs का हिस्सा बनने का। आज के इस दौर में जहाँ सब कुछ ऑनलाइन हो रहा है, वहां बहुत से लोग अपना जीवन साथी ढूंढने के लिए Matrimonial Sites का सहारा लेते हैं तो यदि आप इन Matrimonial Sites के Affiliate program का हिस्सा बनते हैं। तो आपको काफी अच्छा मुनाफा हो सकता है। इन programs के

ज़रिये आपको 100% तक कमीशन मिल सकता है। कुछ प्रसिद्ध वेबसाइट UR प्रकार हैं:

Shaadi.com: http://affiliate.shaadi.com/

Bharat Matrimony :

http://profile.bharatmatrimony.com/matrimoney/affiliate_register.php

jay.com: https://www.jeevansathi.com/

'टूर और यात्रा Affiliate Marketing

काफी लोग हैं, जो ट्रेवल ब्लॉग्स लिखते हैं और इनमें से बहुत से लोगो के ब्लॉग्स काफी लोकप्रिय भी हैं। ऐसे ट्रेवल Bloggers के लिए बहुत सी 'Tours and Travel Companies Affiliate Marketing Programs लांच करती हैं। इन Affiliate Programs से ट्रेवल Bloggers को काफी मुनाफा हो सकता है। Trip Advisor, Agoda इत्यादि ऐसी कुछ Tours and Travel website हैं, जो बहुत अच्छे Affiliate programs प्रदान करती हैं। कुछ प्रसिद्ध वेबसाइट UR प्रकार हैं:

Digital Marketing Guide

Makemytrip:

https://hotelaffiliates.makemytrip.com/

Yatra: https://www.yatra.com/online/yatra-affiliate.html

Trip Advisor: https://www.tripadvisor.in/Affiliates

क्या है Affiliate SEO और उसके लाभ ?

• Affiliate वस्तु या सर्विस को Search Engine Optimization या SEO द्वारा इंटरनेट पर प्रचार या प्रसार करना और अधिक से अधिक यू (view), हिट्स (hits) और यूजर (user) तक अपना प्रोडक्ट पहुंचाना SEO का महत्त्वपूर्ण कार्य है। यदि आप SEO (Search Engine Optimization) का कार्य जानते हैं तो आप Affiliate Marketing से 50000 तक कमा सकते हैं। SEO से किसी भी 'Website, प्रोडक्ट या सर्विस को ऑप्टिमाइज़ (Optimize) करके सर्च इंजन पर सबसे टॉप पर लाना और अधिक से अधिक क्लिक यूजर तक पहुंचा देता है।

Search Engine Optimization (SEO) में वेबसाइट को डिज़ाइन और डेवलॅप करना । सर्चइंजन पर वेबसाइट के ट्रैफ़िक की क्वालिटी और वॉल्यूम को इम्प्रूव (improve) करना आदि होता है।

Digital Marketing Guide

सोशल मीडिया Affiliate Marketing (Facebook, twitter LinkedIn etc.)

Social Media एक बहुत ही असरदार जरिया बन चुका है Affiliate inarketing के लिए। आजकल बहुत सी ऐसी Social Media Sites हैं, जो बहुत लोगों द्वारा इस्तेमाल की जाती हैं। इसलिए इनके ज़रिये लोगों तक पहुंचना काफी आसान हो जाता है। Affiliates इन Social Media Sites पर अपना Account और Page बना लेते हैं और जैसे ही इन Pages पर Views आने लगते हैं तब Affiliates इन Pages पर Ads पोस्ट या पब्लिश कर देते हैं।

कुछ प्रमुख सोशल मीडिया वेबसाइट हैं -

- ✓ https://www.facebook.com/login/
- ✓ https://twitter.com/
- ✓ https://plus.google.com/
- ✓ https://www.stumbleupon.com/
- ✓ https://www.reddit.com/
- ✓ https://www.linkedin.com/
- ✓ https://www.pinterest.com/

Digital Marketing Guide

'ई-मेल मार्केटिंग (Email Marketing)

ई-मेल मार्केटिंग एक ऐसी प्रक्रिया है, जिससे अपने प्रोडक्ट, सर्विस की जानकारी ई-मेल के द्वारा लोगों तक आसानी से पहुंचाई जाती है। ई-मेल मार्केटिंग, डिजिटल मार्केटिंग या SEO ही का एक रूप है।

> Affiliate Marketing के सभी महत्त्वपूर्ण बातों को बताया गया है, इन सभी बातों को ध्यान में रखकर और सही तरह प्रयोग करने से आप अपनी इनकम को आसानी से बढ़ा सकते हो।

आपको जानना आवश्यक है कि बहुत से वेबसाइट लंबे और बड़े यूआरएल (URL) को एक्सेप्ट नहीं करते, जैसे यू ट्यूब और | अन्य कोई भी कुछ URL को एक्सेप्ट नहीं करती, उस अवस्था में आपको यूआरएल को छोटा करना अनिवार्य हो जाता है, तब LINK | SHORTENER का प्रयोग होता है, जो इस प्रकार है।

Google URL Shortened. https://goo.gl/

AdFly - The URL shortened service.

https://login.adf.ly/

Bitly URL Shortener and Link Management Platform

https://bitly.com/

फेसबुक (facebook) द्वरा Social Media Marketing

फेसबुक एक सोशल साइट है, जिसके माध्यम से आप दुनियाँ के लोगों से जुड़ सकते हैं, विचार पोस्ट और शेयर कर सकते हैं, अपना बिज़नेस को पूरी दुनियाँ में आसानी से प्रचार व प्रचार (प्रमोट) कर सकते हैं और भी कई फायदे हैं इस सोशल साइट से जुड़ने के। फेसबुक क्या है और इसकी उपयोगिता जानना कितना आवश्यक है, ये आपको पता होना चाहिए।

जब डिजिटल विज्ञापन की बात आती है, तो यह याद रखना महत्वपूर्ण है कि किसी भी व्यवसाय को प्रभावी होने के लिए, यह जानना आवशक होगा कि दर्शक कौन हैं, कौन से सोशल मीडिया साइट पर सम्बंधित | दर्शक समय बिताते हैं। सोशल मीडिया के माध्यम से जब विपणन की | बात आती है, फेसबुक निश्चित रूप से आज बड़ा बाजार बन गया है जहाँ पर सामाजिक रिश्तों के साथ साथ किसी भी व्यापर का विपणन किया जा सकता है, क्योंकि FACEBOOK के पास यह परिभाषित करने के लिए सबसे अच्छा विकल्प है कि आप किसके लिए बाजार करना चाहते हैं और कम से कम बजट के साथ करना सहज हैं।

फेसबुक आपको अपने दर्शकों के 10 रुचियों के आधार पर अपने दर्शकों को लक्षित करने की अनुमति देता है। यही कारण है कि एक | परिभाषित लक्ष्य दर्शकों के लिए महत्वपूर्ण है, आपको यह जानना होगा | कि उन्हें क्या करना पसंद है और वे क्या चाहते हैं ताकि आप जान सकें कि सामग्री कैसे बनाई जाए जो उनका ध्यान खींचेगा।

facebook

<u>Digital Marketing Guide</u>

फेसबुक की वेबसाइट 4 फरवरी, 2004 को मार्क जकरबर्ग द्वारा, हार्वर्ड 'कॉलेज के छात्रों और रूममेट्स, एडुआर्डो सेवरिन, एंड्रयू मैककुलम, डस्टिन मॉस्कोविट्ज़ और क्रिस ह्यूजेस के साथ, शुरू की गई थी। फेसबुक का इस्तेमाल 2004 में शुरू हुआ और जल्द ही बहुत ज्यादा इस्तेमाल होने वाली सोशल वेबसाइट बन गई, फेसबुक का इस्तेमाल फ्रेंड्स बनाने के लिए और एक दूसरे से फेसबुक चैट के थ्रू बात करने के लिए किया जाता है, मगर इसके और भी कई महत्वपूर्ण फायदे हैं। आपको केवल अपना फेसबुक अकाउंट बनाना है और उसकी मदद से आपको दूसरे फ्रेंड्स जो फेसबुक पर एक्टिव है या फेसबुक पर लिस्टेड है उन को फ्रेंड रिक्वेस्ट भेजनी है; अगर जब वो आपकी रिक्वेस्ट एक्सेप्ट कर लेते हैं तो आप दोनों फेसबुक फ्रेंड्स बन जाते हैं।

आप अपने एक एक्सेंट से जितने चाओ फ्रेंड्स बना सकते हो अपने एक अकाउंट से और ये सिर्फ अपनी सिटी या कंट्री तक ही लिमिटेड नहीं बल्कि आप दूसरे देशों के लोगों को भी फ्रेंड रिक्वेस्ट भेज सकते हैं और उन्हें अपनी फ्रेंड लिस्ट में ऐड कर सकते हैं।

फेसबुक पर अकाउंट कैसे बनायें।

अगर आप इंटरनेट का इस्तेमाल बहुत काम करते हैं तो आपको इस बात की जानकारी होनी चाहिए की फेसबुक पर अकाउंट कैसे बनायें आइए जानते है ? सबसे पहले आपको जी-मेल (gmail.com) पर अकाउंट

बनाना होगा या आप अपने मोबाइल नंबर के थ्रु भी रजिस्टर्ड हो सकते हैं। थू फिर आप **www.facebook.com** को ओपन करें (आपको ऐसी विडो दिखेगी)

इन बॉक्स में आपको इनफार्मेशन फाइल करनी है जो इस प्रकार हैं?

- फर्स्ट नाम ।

- लास्ट नाम ।

- मोबाइल नंबर या ईमेल एड्रेस

- पासवर्ड
- बर्थडे .
- मेल और फीमेल ।

इसके बाद आपको **Create an Account** अकाउंट पर क्लिक करना है ।

Add Photo पर क्लिक करने के बाद आपको कुछ Options मिलेंगे: जैसे Upload Photo or Add Frame

आपको Upload Photo पर Click करना है or अपने Computer Ya Mobile से Photo Select करनी है, जो भी आप Profile Photo में Add करना चाहते हो ।

इसके बाद आप चाहे तो इस photo को crop या अपने हिसाब से set कर सकते हो । आप description भी add कर सकते हैं और उसके बाद इसे save button पर क्लिक करके save कर सकते हैं और आप कैंसिल भी कर सकते हैं, अगर आप इस फोटो को अपलोड नहीं करना कहते या कोई दूसरी फोटो लगाना चाहते हो ।

Save button पर क्लिक करने से आपकी प्रोफाइल पिक्चर ऐसे दिखेगी:

Digital Marketing Guide

जानिए cover फोटो कैसे add करें:

> Add cover photo option पर क्लिक करें और आपके पास ये विडो ओपन होगी।
> आप upload photos' पर क्लिक करें और फोटो अपलोड करें।
> Save changes पर क्लिक करके कवर फोटो save करें।

जानिए Info कैसे update करें?

आप सबसे पहले 'About Option पर click करें और अपनी सारी information जो आप चाहते हैं आपके friends आपके बारे में जान पाए वही information आप fill कर सकते हैं आप अपनी 'work history' education, place का coloum fill कर सकते हैं। अगर आप और जायदा इनफार्मेशन शेयर करना चाहते हैं तो आप सारे options fill कर दीजिए जैसे relationship status, regigion, gender, age इत्यादि। आप चाहे तो author bio में अपना introduction भी दे सकते हैं।

जानिए अपने favourite ब्रांड्स और फ्रेंड्स कैसे सर्च करें:

अगर आपने अपनी प्रोफाइल क्रिएट करली है तो आप अपनी फ्रेंड्स, favourite ब्रांड्स और सेलेब्रिटीस तो सर्च कर सकते हैं। आप उनके पोस्ट को फॉलो कर सकते हैं आपको फेसबुक के टॉप पर सर्च बार दिखेगा आप यहां टाइप करके कुछ भी सर्व कर सकते हैं। मान लीजिए के आप अपने फ्रेंड को सर्च करना कहते हैं तो आप उसका नाम सर्च बार में टाइप करें। आपके पास बहुत सारे options display होंगे, क्योंकि एक नाम के काफी लोगों का फेसबुक प्रोफाइल होगा। आप प्रोफाइल फोटो से अपने फ्रेंड्स को पहचान सकते हैं और उसे friend request send कर सकते हैं। आप अपने friends को उनके mobile number or email Id से भी search कर सकते हैं।

आइए जानते हैं friends कैसे add करें:

Search bar friend name/email address/phone number type करें फिर 'add frined button पर click करके उसे friend request भेजें आप friend request के साथ मैसेज भी भेज सकते हैं। जब आपका friend आपकी friend request accept कर लेता है तो आप दोनों facebook friends हो जाते हैं और एक दूसरे की friend list में add हो जाते हैं। इसी तरह से आपके पास भी friend request आ सकती है तो आपको भी confirm button पर click करना है अगर आप इस request को accept करना कहते हैं, वरना आप 'Not Now पर click कर सकते हैं।

आप family or friends add कर सकते हैं 'Peopla may I know ' के option को click करके।

यहाँ facebook आपको कुछ suggestions देता है, जिनमें आप आपसे रिलेटेड लोगों को ढूंढ सकते हैं। अगर आप अपने किसी friend को अपनी friend list से हटाना चाहते हैं तो ये भी बहुत आसान है आप बस frined की profile पर क्लिक करिए और आपके पास कुछ options show होंगे जैसा की नीचे image में दिखाया गया है। आपको unfriend Option पर क्लिक करना है।

आइये जानते हैं स्टेटस कैसे अपडेट करें:

आपको अपने home page पर update status or add photos and video का option मिलेगा यहां से आप photo upload कर सकते हैं और status भी update कर सकते हैं। ये

status आपके friends को दिखेगा और ये इसे like button के through लिखे करेंगे। वो आपके photo और status पर comment भी कर सकते हैं। आप उनके comments का रिप्लाई कर सकते हैं।

आप इस status box के through अपने views share कर सकते हैं और एक लम्बा डिस्कशन भी कर सकते हैं। जैसे की आज कल देखा जाता है. किसी भी current affair को लेकर social media में बहुत चर्चा होती है और लोग इन sites के जरिये अपने views रखते हैं। तो ये एक अच्छा platform हो सकता है आपके लिए अगर आप कोई बात अपने friends तक पहुँचाना कहते हैं। ये ही नहीं आप एक बड़े डिस्कशन का पार्ट बन सकते हैं कुछ business pages को लिख करके ये तो बात हुई facebook के personal usage की आप अपने photo share कर सकते हैं, chat कर सकते हैं, message भेज सकते हैं और बहुत कुछ।

बिजनेस में फेसबुक का महत्त्व ?

अब हम बात करेंगे की facebook आपके बिजनेस को प्रमोट करने में कैसे मददगार साबित होती है :

Facebook Page कैसे बनाये:

दोस्तों आप अपने personal profile account में limited लोग ही add कर सकते हो पर बिज़नेस पेज पर आप लाखों-करोड़ों की तादाद में लोगो से जुड़ सकते हैं।

- सबसे पहले आपको अपने facebook account में log in करना है।

- उसके बाद आपको एक option मिलेगा (create a facebook page) आपको यहां click करना है फिर आपके सामने इस तरह से एक window open होगी।

- ये सब categories के टाइप है, जो आप अपने Business के हिसाब से choose कर सकते हैं। अगर आपका local business है या कोई shop है तो आप option 1 चुन सकते हैं। ऐसे है आप अपनी बिज़नेस के अनुसार categories choose कर सकते हैं।

- अब मान लीजिये की आपका कोई brand है आप उसके लिए facebook page बनाना चाहते हैं तो आप 3rd option पर click करें और आगे की details fill कीजिए। आप अपनी website के लिए page बना सकते हैं।

- आप category select कीजिए और brand / product name दीजिए। इसके बाद आप get started option पर click कीजिए।

- इसके बाद आपको अपने business के बारे में थोड़ी जानकारी लिखनी है। ' About' option पर click करके इसमें आप अपने page के बारे में 2 lines लिख सकते हैं और अपनी website का URL link भी दे सकते हैं, उसके बाद 'save info' पर click करके next step पर बढ़ सकते हैं। Save

- इसके बाद आप profile picture option पर click करिये।

- आपका page create हो जाएगा उसके बाद आप profile picture add कर सकते हैं upload a profile picture option पर click करके।

- इसके बाद आप cover photo भी upload कीजिए। ये दोनों photo relevant होनी चाहिए, ताकि इससे आपके प्रोडक्ट के बारे में पता चल सके।

- इसके बाद 'add to favourites' option पर click कीजिए, आप अपने पेज और अपने favourites में add कर सकते हैं।

- इसके बाद आप preferred page audience option पर click करें:

- इस option के जरिये आप अपनी audience decide कर सकते हैं। जैसे आप मान लीजिए की location में आप 'जयपुर या दिल्ली' सिटी fill करते हैं तो दिल्ली या जयपुर के लोग ही आपका पेज देख पाएंगे और like कर पाएंगे। ऐसे ही आप आगे, gender, interest वाले options fill कर सकते हैं और आप चाहे तो ये option skip भी कर सकते हैं।

इसके बाद आप इसमें लोगों को invite कर सकते हैं, ताकि वो आपका पेज like करें। जैसे ही वो आपका पेज like करेंगे उनको आपके products updates मिलते रहेंगे इस facebook page के जरिये आप जब भी post update करेंगे, उसका notifications आपके followers को show होंगे। इससे आपके product की visibility or new updes आसानी से उन तक पहुंच पाएंगे। आजकल हर company, school, college और हर छोटी बड़ी firms के facebook page है।

Digital Marketing Guide

आइये जानते हैं कि facebook page से पैसे कैसे कमाएँ :

अभी आपने इस बारे में जानकारी प्राप्त की facebook page क्यों important है और facebook page के जरिये आप अपना बिजनेस या ब्रांड कैसे promote कर सकते हैं। Bollywood celebrities के भी facebook page अपने देखे होंगे और like किये होंगे। ये facebook profile की तरह ही है जैसे वहां friends होते हैं यहां fans या followers होते हैं।

Facebook page से पैसे कमाने के भी कुछ तरीके हैं, जो आप 'इस book के जरिये सीख सकते हैं आइए जानते हैं। आप अपने facebook page से 10 to 20K आराम से हर month कमा सकते हैं। आपको थोड़ा समय और ध्यान देना होगा पैसे कमाने के लिए।

इसके लिए आपको आपका facebook account और facebook page चाहिए जो की हमने आपको बताया के आप कैसे create कर सकते हैं आपको अपने facebook page पर likers और followers बढ़वाने है. इसके लिए आपको चाहिए के आप interesting posts अपडेट करें। आप अपने कुछ friends को भी आपके facebook page का editors बना सकते हैं, ताकि वो भी अपने FB friends को आपका fb page like करने के लिए invite कर सके। Facebook पर आपको बहुत सारे groups भी मिलेंगे आप

उनको भी join कर सकते हैं और वहां से आप लोगों को कनेक्ट कर सकते हैं आपके facebook page पर।

इसके बाद आपको intresting posts, videos और updates post करनी है और जल्दी से जल्दी likes बढ़वानी है। अगर आपके पेज पर 10 to OK likes हो जाते हैं तो आसान हो जाता है आपके लिए FB page के through income करना

Facebook page से कमाने के कुछ आसान तरीके:

आज कल बहुत सारे ऑनलाइन बिज़नेस है जिनकी अपनी website है. और वो अपनी website पर visitor बढ़ाने के लिए इन social media channels का सहारा लेते हैं। ऐसे में आप इन लोगों को अपना facebook page sell कर सकते हो जैसे ही आपके likes बढ़ जाए आप अपने पेज पर post अपडेट कर दीजिए, की आप इस को page sell करना चाहते हैं। आप थोड़ा रिसर्च करेंगे तो पाएंगे कि facebook पर काफी sell and purchase group है, उसके जरिये भी आप अपना page sell कर सकते हैं। आपको बस इतना करना है, के आप को ऐसे group ढूंढ़ने है, वहां अपने page का description or sell post अपडेट करनी है।

Digital Marketing Guide

आप एक वेबसाइट बनाइए (आप अपनी वेबसाइट खुद बना सकते हैं। आप फ्री में भी वेबसाइट बना सकते हैं, ये कोई कठिन काम नहीं है। आप अपने facebook page पर उस website का promotion करके visitors बढ़ा सकते हैं। जब आपकी website में visitors की संख्या बहुत बढ़ जाये तो आप अपनी website पर ad लगाकर भी कमा सकते हैं। आपको बस google adsense पर apply करना होगा।

आप देखेंगे की आज कल बहुत सारे ऐसे companies है, जो online पैसा कमाती है और इनको ज्यादा से ज्यादा visitors चाहिए होते हैं अपनी वेबसाइट के लिए आप ऐसे वेबसाइट का promotion अपने facebook page के जरिये कर सकते हैं। बस आपको अपनी पोस्ट्स में इन साइट्स का लिंक लगाना है और इसके बदले website owners से पैसे ले लेने है। आपको बस ऐसे site owners को सर्च करना है।

Affiliate marketing के द्वारा भी आप अपने facebook page से कमा सकते हैं। आप किसी भी प्रोडक्ट का affiliate link अपने facebook page पर share कीजिए और अगर आपके facebook page से उस link पर click करके कोई वो product खरीदता है तो आपको fixed कमिशन मिलता है। ऐसी बहुत सारी e-commerce websites है, जहाँ आप अपना affiliate account बना कर

product का affililiate link पा सकते हैं आपको बस उस link को अपने facebook page पर share करना है और ध्यान रहे कुछ इंटरेस्टिग ही share करें जैसे kisi product पर भारी डिस्काउंट हो।

आप PPD network के जरिये भी पैसा कमा सकते हैं। इसमें आपको अपने page पर download links share करनी होती है और हर downloads पर आपकी income होती है।

फेसबुक पर पोस्ट कैसे Schedule करें:

आप अगर चाहते हैं कि आप अपनी पोस्ट को schedule करें, तो आप आसानी से कर सकते हैं। Post Schedule option का ज्यादा फायदा आप अपने बिज़नेस परेज को update करने में उठा सकते हैं आपको अपने business facebook page daily 3-4 posts update t होती है, इससे आप अपने followers or fans का trust कायम रख जाते हैं। पर कई बार समय की कमी के चलते आप daily posts अपडेट नहीं कर पाते, तो आप post schedule कर सकते हैं। ऐसा करने से आप अपनी post को automatic publish पर set कर देते हैं। आपको बस facebook के इस option पर जाकर post update करके date or time set करना होता है ये बहुत आसान और फायदेमंद option है, आप इसे जरूर use करें।

आप पूरे दिन facebook page पर updates के लिए available नहीं रह सकते, इसलिए आप इसे use कर सकते हैं। मान लीजिए कि आपका शायरी से रिलेटेड कोई FB page है और आपको 3-4 शायरी daily post करनी होती है, पर office hours, study hours या और किसी वजह से

आप ये नहीं कर पाते या टाइम नहीं निकाल पाते तो आप एक साथ Sunday को post schedule कर देंगे और time / date set कर देंगे तो वो automatic publish हो जाएंगी।

यहां हमने step by step आपको पूरे process की जानकारी दी है, आइये जानते हैं कैसे post schedule करें :

- सबसे पहले facebook account open करें और अपने बिज़नेस पेज पर जाएँ :
- आप अपने page के top पर कुछ option देखेंगे:
- आपको publishing tool पर click करना है। Click करने पर आपके पास कुछ इस तरह का display होगा, जिसमें top पर और left side पर आप कुछ options देखेंगे।
- Left side में scheduled posts option click:
- Scheduled post पर click करने के बाद आपको ऐसी window दिखेगी आपको create पर click करना है और

अपनी पोस्ट जो आप future में update करना चहते हैं, वो update करनी होगी।

- Create पर click करने पर ये window open होगी।

- आप new post create करिये और schedule button पर click करिये।

- Schedule button पर click करने के बाद आपके पास publication time and date के options आएंगे। आप उन्हें fill | करिये और schedule button पर click कर दीजिये। आप अपने friends की timeline पर भी post schedule कर सकते हैं:

मान लीजिये कि आप किसी का birthday या anniversary wish करना miss नहीं करना चाहते हैं तो आप उनकी timeline पर message या photo / video update कीजिए और time / date set कर दीजिये। आप उनकी timeline पर जाकर जब पोस्ट update करेंगे तो आपको पोस्ट के बटन में कुछ options मिलेंगे। आपको schedule option के icon पर click करना है | इस तरह से आप day, month and time set कर सकते हैं। वैसे कुछ लोगो के लिए daily post update करना आसान काम है but कभी कभी हमें scheduling की जरूरत पड़ सकती है। Try जरूर करें।

अपनी पोस्ट को फेसबुक पर कैसे प्रमोट करें!

Free Promotion: अगर आप अपनी Facebook post को promote करना चाहते हैं तो आपको हमारी tips को follow करना होगा। जितनी ज्यादा आपकी post viral होगी उतनी ज्यादा आपका बिज़नेस या facebook page promote होगा। आइये जानते हैं कि कैसे करें अपनी post को viral या promote:

समय निर्धारित करें: Posting का समय बहुत ही महत्वपूर्ण है, तो आपको post उस समय करनी है, जब ज्यादा से ज्यादा लोग FB पर active होते हैं। जब आपके ज्यादा से ज्यादा followers और fans facebook पर online हो तभी आप post update करें ज्यादा comments और likes मतलब आपकी website पर ज्यादा traffic। यह माना गया है कि शाम को 6 PM से 10 PM के बीच अगर आप post update करते हैं तो आपको अच्छा response मिलता है।

Tagging: आप अपनी post में fans को tag भी कर सकते हैं। वैसे तो आपने देखा होगा कि आपके friends आपको कई posts में tag करते हैं, पर business page की posts में आपने ये तरीका नहीं अपनाया होगा। आप ये तरीका अपनाइए। इससे क्या होगा कि आपके

Digital Marketing Guide

दोस्तो को आपके status update और online business के बारे में पता चलेगा। हाँ, यह एक intresting तरीका है।

Location भी add करें: Related location add करना फायदेमंद साबित हो सकता है। जब भी आप post update करते हैं तो bottom में कुछ advanced options आते हैं। जैसे कि आप देख सकते हैं इस image में हमने location option को highlight किया है। आप यहाँ click करके specific location add कर सकते हैं।

Attractive photos या videos जोड़ें: जब भी आप कोई status add करें तो related video या photo जरूर add करें। मान लीजिये, आपकी travel agency है और आप discount offer की post update कर रहे हैं। अगर आप simple text के साथ update करेंगे तो वो इतना effective नहीं लगेगा, मगर यही post अगर आप image के साथ upload करते हैं तो ज्यादा लोग इसे पसंद करेंगे।

Paid Promotion: Likes increase करें: आप अपने facebook page को promote कर सकते हैं। ये बहुत easy है। आपको बस 60 या 65 रुपए Facebook को pay करने होंगे, जिसमें आप 100 से 200 likes बड़ा सकते हैं। हालांकि आपका

promotion budget जिस हिसाब से है आप उसी हिसाब से अपना facebook page और post promote करें। आप अपने page के left side में promote के options पर click करेंगे तो आप के पास बहुत सारे options आएंगे promotions के। आप अपनी जरूरत के according ये paid services use कर सकते हैं।

आप जब promote option पर click करते हैं तो कुछ इस तरह की window open होती है।

आप 'boost a post' option पर click करें और एक post select कर लें, जिसे आप boost करना चाहते हैं।

Boost post option पर click करने पर आपके पास एक window open होगी, कुछ इस तरह से। इसमें आपको budget, duration and payment method options fill करके boost पर click करना है।

Facebook Business के लिए कैसे उपयोगी साबित

आज कल देखा जा रहा है कि लोग online business शुरू कर रहे हैं और अच्छा ही है digitalization के साथ online business website और उसका promotion बहुत जरूरी है। Facebook एक बहुत अच्छी social media site साबित हुई है। Facebook की सेवाएं और applications के माध्यम से करोड़ो व्यवसाय लोगो से जुड़ने में सक्षम हुए हैं।

आप अपने facebook page create करके लोगों को अपने व्यवसाय से जोड़ सकते हैं और facebook पोस्ट्स, Announcements और विज्ञापन के माध्यम से आप अपने बिज़नेस को promote कर सकते हैं।

Facebook page: आप लोगो को अपने बिज़नेस page से जोड़ कर उनसे सीधी बातचीत कर सकते हैं। Posts में likes और comments के जरिये आपके product के लिए उनके views जान सकते हैं। उनका feedback और expectations आपकी business growth और product improvement के लिए बहुत महत्वपूर्ण साबित हो सकती है। आप अपने products पर discount या sale की news update करके आपसे जुड़े लोगो तक सीधा

notification पहुंचा सकते हो अपनी post अपनी साइट का URL share करना बेहद जरूरी है, इससे आपसे जुड़े लोग सीधे आपकी साइट पर जाकर product purchase कर सकते हैं। इससे आपकी साइट पर traffic बढ़ेगा और promotion भी आसानी से हो पायेगा।

Facebook विज्ञापन: हर रोज़ अरबों लोग facebook का इस्तेमाल करते हैं। ऐसे में आप facebook विज्ञापनों का सहारा ले सकते हैं और उन लोगों तक पहुंच सकते हैं। Facebook ads के माध्यम से आप उन लोगों से connect हो पाते हैं, जो सच में आपके product में interested हो सकते हैं। मान लीजिये कि आप women fashion magazine promote करना चहाती हैं, at facebook ads women and age specific ads through आपको उन्हीं women से connect करने में हेल्प करेंगी जो सही है।

Facebook Messenger: ये chat करने का tool है जो facebook की ही सेवाओं का एक हिस्सा है आपके business promotion के लिए ये वरदान साबित हो सकता है। आप अपने ग्राहकों से direct बात कर सकते हैं और उनकी प्रतिक्रियायें भी जान सकते हैं इसके जरिये **Facebook group भी join कर सकते हैं:** प्राय आप देखते हैं कि बहुत सारे facebook groups होते हैं और इनसे काफी business और लोग जुड़े होते हैं। ये भी एक तरह का

faceboook page ही है, जो एक community बन जाता है, बहुत सारे लोगो के इससे जुड़ जाने पर कोई भी group का मेंबर इस fb group पर post कर सकता है और discussion भी आप किसी भी topic पर fb group बना सकते हो और particular उस बिज़नेस या topic के बारे में post update कर सकते हो।

आप जब facebook पर कोई group search करेंगे तो आप देखेंगे open closed or secret group आपको इन सब में अंतर पता होना चाहिए।

Open facebook ग्रुप का मतलब है कि इस group को कोई भी join कर सकता है। इस group के हर एक member को permission है कि वो किसी को भी add कर सकते हैं इस group से इस group का नाम भी कोई भी दे सकता है और post भी कोई भी member देख सकता है। Closed facebook group का मतलब है कि इसे कोई भी join कर सकता है और कोई भी किसी को भी add कर सकता है। यहां Post सिर्फ group member ही देख सकते हैं। group की Secret group को भी कोई भी join कर सकता है, पर उसको कोई group member add करें तब Group का नाम, post, likes / dislikes and discussions सिर्फ group member ही देख सकते हैं। Facebook group facebook page से थोड़ा different होता है Page हम किसी particular category या चीज़ के लिए बनाते हैं और लोग उस page को like and follow करते हैं। Page कभी private नहीं होता but group हो सकता है। Facebook page पर admin ही post update कर सकता है, जबकि group में सारे members post update कर सकते हैं।

आइये जानते हैं कि facebook group बनाते कैसे हैं।

- सबसे पहले अपने fb account में sign in करें !
- Right hand side पर आपको कुछ options दिखेंगे। आपको 'create Group' option पर click करना है।
- अब आप अपने ग्रुप का नाम, members और privacy set कर 'क्रिएट' पर click कर सकते हैं।
- अब आप अपने group को personalised करें इसका cover and profile photo update करें और status update करें।

Facebook group को delete कैसे करें:

- ये जानना आपके लिए बेहद जरूरी है, क्योंकि प्राय आप देखेंगे कि Facebook आपको group delete करने का कोई option नहीं देता। ऐसे में आपको पहले सारे member remove करने पड़ेंगे और last में खुद को भी remove करना होगा। आपके page से रिलेटेड facebook ग्रुप कैसे ढूंढें और उसमे अपनी पोस्ट कैसे शेयर करें:

- आप अपना account open करेंगे तो कुछ options आएंगे। आप search bar में आपने fb page a related keyword insert कीजिये और groups पर click करिये।

- अब आप relevenat group join कर लीजिये। आप request send करेंगे तो group members आपकी request accept करते हैं और आप भी group member बन जाते हैं।

Group member बनने के बाद आप यहाँ अपनी post share कर सकते हैं।

आप अपने fb page की किसी भी post के share option पर click करें। उसके बाद आपके पास कुछ और options आएंगे। उनमे से 'share' option पर click करें।

How to get Pixcel ID (Conversing tracking code) in Facebook ?

Facebook Pixcel create करना बहुत आसान है। आपको event manager option open करके create a facebook Pixcel पर click करना है, 'finish ' पर click करना है और इस code को manually install करना है अपनी site पर।

सबसे पहले आपके पास अपनी website होनी चाहिए, ताकि आप इस facebook Pixcel को अपनी website पर add कर सके। एक बार जब आपने वो code paste कर दिया तो आप आसानी से event tracks कर सकते हैं। Events से हमारा मतलब है कि वो actions जो visitors आपकी साइट पर लेते हैं जैसे कि sign up, registration, purchase, subscribe और भी बहुत कुछ तो इन events को track करने के लिए हम इस्तेमाल करते हैं tracking code जो facebook को ये समझने में मदद करता है कि किसने आपकी साइट पर action लिया है और नहीं लिया है।

इस तरह आप facebook का इस्तेमाल अपने फायदे और entertainment के लिए कर सकते हैं। आज कल बहुत सारे features और भी facebook ने introduce किए है जैसे

facebook live. Event और भी बहुत कुछ । आप इन सब options को use करें और इसका भरपूर फायदा भी उठाये ।

Google YouTube Marketing द्वारा Business and Video Promotion?

आज के आधुनकि समय में इंटरनेट का जीवन में अत्यंत महत्वपूर्ण योगदान है, चाहे व्यापार करना हो अथवा सन्देश भेजना हो या पलभर में दुनिया में किसी के साथ सम्बन्ध रखना हो इंटरनेट के बिना जीवन अधूरा हो गया है। इंटरनेट द्वारा हम घर बैठे ही पैसा कमा सकते हैं, इसके अनेक माध्यम जैसे- आर्टिकल राइटिंग, ब्लॉग्गिंग, एफिलिएट मार्केटिंग, SEO प्रमोशन, ई-मेल मार्केटिंग, Business Promotion, वीडियो मार्केटिंग आदि है।

किसी भी चीज को पढ़ने के मुकाबले वीडियो बनाकर समझने में आसानी होती है साथ ही वीडियो को मनोरंजक भी बनाया जा सकता है, इसीलिए वीडियो Sharing आज काफी प्रचिलित हो चुका है।

अगर आप घर बैठे पैसे कमाना चाहते हैं तो आपके पास You Tube से आसान और बढ़िया तरीका कोई हो ही नहीं सकता। ये video sharing का सबसे बड़ा platform है। आप सरलता से यहाँ पर

अपना You Tube Account बना सकते हैं और खुद का चैनल भी। आज कल यू-ट्यूब वीडियो (You Tube videos) के माध्यम से काफी लोग अपना चैनल बनाकर You Tube से पैसे कमा रहे हैं और काफी लोगो के लिए ये वरदान साबित हुआ है।

You Tube की उपयोगिता और पैसे कमाने में योगदान।

आपने बहुत सारे high quality videos देखे होंगे You Tube पर जिस पर हजारों likes होते हैं। तो आपको भी इसी quality के videos बनाने हैं और likes और subscribers बटोरने हैं। आप अपने videos से तभी कमा पाएँगे, जब इसे बहुत सारे advertising networks monetize करने का मौका देंगे। जितने ज्यादा views और traffic होगा आपके You Tube videos पर उतने chances है आपको ads मिलने के। आप SEO की मदद से भी इन videos पर traffic और views बढ़ा सकते हैं, जो एक आसान रास्ता है।

याद रखिये आपको अपना वीडियो बनाना है, जो किसी भी विषय पर आधारित हो सकता है। किसी अन्य का वीडियो को लिंक न करें अपने यू-ट्यूब चैनल पर यानी जिस वीडियो से आप पैसा कामना चाहते हो उस वीडियो पर आपका 100% अधिकार होना चाहिए, यानी चुराया हुआ व किसी अन्य के वेबसाइट पर लगा हुआ वीडियो नहीं होना चाहिए। ऐसा पाए जाने पर गूगल आपको

Digital Marketing Guide

Advertising networks monetize नहीं होने देगा और भविष्य में copyright वीडियो पाए जाने पर आप के यू-ट्यूब अकाउंट को ब्लॉक भी कर सकता है।

You Tube Channel कैसे बनाये ।

- सबसे पहले आपको अपने Gmail account की जरूरत पड़ेगी। अगर आपका Gmail account है तो उसी Account से आप www.youtube.com पर अपना Account Create कर सकते हो। अगर आपका Gmail Account नहीं है, तो आप जल्दी से अपना Gmail Account बनाए और You Tube पर Account Open करे ये Automatically आपकी Gmail से Link हो जाता है क्योंकि ये Google का ही product है।

- My Channel पर Click करना है।

- इसके बाद आपको चैनल की सेटिंग्स करनी है। आप प्रोफाइल Picture Add करे और Add Channel Art पर Click करके Image Post कर सकते हैं।

- इसके बाद आप About Section पर Click करके अपना Business और You Tube Channel Describe कर सकते हैं।

- ये सारी details आप fill कीजिए और एक attractive You Tube channel present कीजिए

आइये जानते हैं कि Video कैसे Upload करे :

- एक बार आपका You Tube Channel बन गया तो आपको चाहिए के आप Original, Informative, Interesting and Attractive Video Create करें। याद रहे Video कहीं से चुराया हुआ नहीं होना चाहिए। आप किसी Interesting Topic से रिलेटेड अपना Channel बना सकते हैं चाहे वो Travel, Bollywood, Recipe, Dance, Song, Craft, इत्यादि किसी से भी रिलेटेड हो। आप जो Video पोस्ट करे उसका Copyright आपके पास होना चाहिये जैसा पहले भी बताया गया है। अब आप You Tube.com का अपना account open करे और upload option पर क्लिक करें-

- हमेसा आप Public Option पर ही Click करे क्योंकि आप ये Public करना चाहते हैं। और फिर Select Files To Upload Option पर Click करें। आप Video Upload कर सकते हैं उसके साथ आपको ये सारे Fields Fill करके Publish पर Click करना है।

- Publish होने के बाद आपका Video You Tube पर Play होगा कुछ इस तरह:

-

- ये हुआ आपके Channel का First Video। इसी तरह आप काफी सारे Videos Upload कर सकते हैं। जब लोग इस Video को देखना शुरू करेंगे तो आपके Views और Traffic बढ़ेगा। आप इस Video को Promote करने के लिए SEO और Social Media Sites जैसे Facebook, Instagram, Twitter की मदद ले सकते हैं। आप अपने Video को इन Sites पर Share कर दीजिए, ताकि आपके Friends इन Videos को देखे और Views बड़े आपको Videos भी Regular Update करते हैं और अपने Subscribers भी बढ़ाने हैं।

आइए अब जानते हैं कि ये Videos आपके कमाई का जरिया कैसे बन सकते है:

यहां मैंने काफी सारे तरीके बताये हैं, आपको जो सही लगे, आप उस तरीके को अपनाकर You Tube channel से पैसे कमा सकते हैं।

Google Adsense:

- आपको अपने You Tube Account में Sign In करना है और Click The Option-Creator Studio !
- उसके बाद आपके पास ऐसी Window Open होगी:

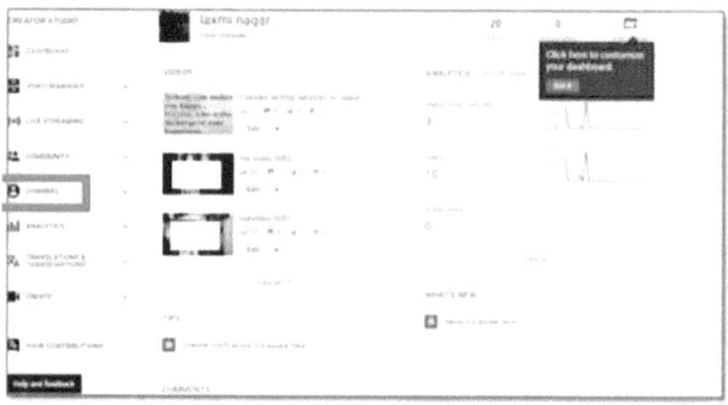

- आपको Left Menu में Channel पर Click करना है:
- इसके बाद आपको Monetization वाले Box में Enable वाला Option पर Click करना है|

- आपके पास Screen Open होगी, जिसमें आपको सारी Terms Read करनी है और You Tube Partner Program Terms Accept करनी है:

- इसके बाद आपको Adsense Account Create करना है, ताकि आपके Video के जरिये आप पैसे कमा सके। इसके बाद आप Set Monetization Preferences Option पर Click करके ये Set कर सकते हैं कि कौन से Ads आपके Videos पर चल सकते हैं। ध्यान रखिये जितने जयादा Views उतनी ज्यादा कमाई तो कोशिश कीजिए अच्छे से अच्छे Videos Upload करने की और Google Adsense के Through उन्हें ज्यादा से ज्यादा Monetize करने की।

Affiliate Marketing:

ये भी बहुत आसान और सीधा जरिया है You Tube से पैसे कमाने का आप देखेंगे कि आज कल बहुत सारे Affiliate Networks है। आप किसी भी अच्छे Network में Sign Up कर सकते हैं और उस Affiliate Product का Link भी बना सकते हैं। अब आपको क्या करना है कि आप उस Affiliate Product का Promotional Video बनाइये और उसे You Tube पर Post करिये। उसके बाद आप जब Description Detail Fill करे तो उसमें ये Affiliate

Link डालना न भूले। इस Link की मदद से ही Viewers या Visitors, Product खरीदेंगे, जिस पर आपको कुछ Commission भी मिलेगा।

खुद के Product की सेल: आप अपने खुद के Product की Sale भी Increase कर सकते हैं You Tube के माध्यम से आप एक Original Or Affective Promotional Product Video बनाओ और उसे You Tube पर Publish करें। Description में अपनी Site का Link दीजिए, जिससे Viewer और Traffic आपकी साइट पर जाएगा और वहां से लोग आपका प्रोडक्ट खरीदेंगे।

आप अपने Video भी सेल कर सकते है: आप अपने Original Videos किसी अच्छे Channel को भी बेच सकते हैं आपको अच्छे Sponsors और Advertisers भी मिल जाएंगे। ये है कुछ तरीके जिनके द्वारा आप पैसे कमा सकते हैं। पर आपको ये भी पता होना चाइए की आखिर ये पैसा आपके Account में जाएगा कैसे। You Tube से आया पैसा आप अपने Account में Transfer कर सकते हैं। आपको चाइए ये कि आप अपना Bank Account Adsense से Link करले और ये जब Partner Programs से Approve होगा तो You Tube से Automatically Add हो जाएगा। You Tube के जरिये Earn किया हुआ सारा पैसा आपके Adsense

Account में जाता है और Automatically आपके बैंक Account में Transfer हो जाता है।

Digital Marketing Guide

Ques : डिजिटल मार्केटिंग क्या है और यह क्यों जरूरी है?

Ans : डिजिटल मार्केटिंग डिजिटल चैनलो जैसे सर्च इंजन, सोशल मीडिया, ईमेल और वेबसाइटो के माध्यम से उत्पादो या सेवाओं का प्रचार है। यह महत्वपूर्ण है क्योंकि यह व्यवसायो को व्यापक दर्शको तक पहुंचने और लोगो के विशिष्ट समूहों को पारंपरिक विपणन विधियो की तुलना में अधिक प्रभावी ढंग से लक्षित करने की अनुमति देता है।

Ques : मैं एक सफल डिजिटल मार्केटिंग रणनीति कैसे बनाऊं?

Ans : एक सफल डिजिटल मार्केटिंग रणनीति में स्पष्ट लक्ष्य निर्धारित करना, लक्षित दर्शको की पहचान करना, शोध करना और सही चैनलो का चयन करना, आकर्षक और प्रासंगिक सामग्री बनाना और समायोजन करने के लिए परिणामो को लगातार मापना और विश्लेषण करना शामिल है।

Ques: सबसे महत्वपूर्ण डिजिटल मार्केटिंग चैनल कौन से हैं?

Ans : सबसे महत्वपूर्ण डिजिटल मार्केटिंग चैनलो में सर्च इंजन (SEO और PPC), सोशल मीडिया, ईमेल और कंटेंट मार्केटिंग शामिल हैं।

Ques : मैं अपनी वेबसाइट की दृश्यता को बेहतर बनाने के लिए SEO का उपयोग कैसे कर सकता हूँ?

Ans : SEO (सर्च इंजन ऑप्टिमाइजेशन) आपकी वेबसाइट को सर्च इंजन रिजल्ट पेज (SERPs) में उच्च रैंक देने के लिए ऑप्टिमाइज़ करने की प्रक्रिया है। यह कीवर्ड रिसर्च, ऑन-पेज ऑप्टिमाइज़ेशन, बैकलिंकिंग और उच्च-गुणवत्ता वाली सामग्री बनाने जैसी तकनीकों के माध्यम से किया जा सकता है।

Ques : डिजिटल मार्केटिंग के लिए सोशल मीडिया का उपयोग करने के कुछ प्रभावी तरीके क्या हैं?

Ans : डिजिटल मार्केटिंग के लिए सोशल मीडिया का उपयोग करने के प्रभावी तरीकों में आकर्षक सामग्री बनाना, सोशल मीडिया विज्ञापन चलाना, ईवेंट और उपहार देना और अपने ब्रांड के आसपास एक समुदाय का निर्माण करना शामिल है।

Digital Marketing Guide

Ques : मैं अपने डिजिटल मार्केटिंग प्रयासों की सफलता का आकलन कैसे करूं?

Ans : आपके डिजिटल मार्केटिंग प्रयासो की सफलता को मापने के लिए वेबसाइट ट्रैफ़िक, सोशल मीडिया एंगेजमेंट, रूपांतरण दर और ROI (रिटर्न ऑन इन्वेस्टमेंट) जैसे मेट्रिक्स का विश्लेषण किया जा सकता है।

Ques : मैं अपने लक्षित दर्शकों तक पहुँचने के लिए ईमेल मार्केटिंग का उपयोग कैसे कर सकता हूँ?

Ans : ईमेल मार्केटिंग सीधे उनके इनबॉक्स में लक्षित और वैयक्तिकृत संदेश भेजकर अपने लक्षित दर्शको तक पहुंचने का एक शक्तिशाली तरीका है। इसका उपयोग उत्पादों को बढ़ावा देने, संबंध बनाने और रूपांतरण बढ़ाने के लिए किया जा सकता है।

Ques : मैं नवीनतम डिजिटल मार्केटिंग रुझानों के साथ अप-टू-डेट कैसे रह सकता हूं?

Ans : उद्योग ब्लॉग और प्रकाशनों को पढ़कर, सम्मेलनों और सेमिनारो में भाग लेकर, और ऑनलाइन समुदायो और मंचों में भाग लेकर नवीनतम डिजिटल मार्केटिंग रुझानों के साथ अप-टू-डेट रहें।

<u>Digital Marketing Guide</u>

Ques : कुछ सामान्य डिजिटल मार्केटिंग गलतियाँ क्या हैं और मैं उनसे कैसे बच सकता हूँ?

Ans : सामान्य डिजिटल मार्केटिंग गलतियो में स्पष्ट रणनीति न होना, मोबाइल अनुकूलन की उपेक्षा करना, ट्रैकिंग और विश्लेषण न करना शामिल है|

Ques : मैं अपने लक्षित श्रोताओं को आकर्षित करने और संलग्न करने के लिए सामग्री विपणन का उपयोग कैसे कर सकता हूँ?

Ans : सामग्री विपणन में आपके लक्षित दर्शकों को आकर्षित करने और संलग्न करने के लिए मूल्यवान और प्रासंगिक सामग्री बनाना और साझा करना शामिल है। इसमें ब्लॉग पोस्ट, इन्फोग्राफिक्स, वीडियो और बहुत कुछ शामिल हो सकता है।

Ques : मैं अपने लक्षित श्रोताओं तक पहुँचने के लिए सशुल्क विज्ञापन का उपयोग कैसे कर सकता हूँ?

Ans : पेड विज्ञापन में लक्षित विज्ञापनों के माध्यम से अपने लक्षित दर्शकों तक पहुँचने के लिए Google विज्ञापन, फेसबुक विज्ञापन और लिक्डइन विज्ञापन जैसे प्लेटफ़ॉर्म का उपयोग करना शामिल है। यह

ट्रैफ़िक और रूपांतरण बढ़ाने का अत्यधिक प्रभावी तरीका हो सकता है, लेकिन यह सुनिश्चित करने के लिए

विज्ञापन अभियानों का परीक्षण और अनुकूलन करना महत्वपूर्ण है कि वे प्रभावी हैं।

Ques : मैं अपने ब्रांड को बढ़ावा देने के लिए इन्फ्लुएंसर मार्केटिंग का उपयोग कैसे कर सकता हूं?

Ans : इन्फ्लुएंसर मार्केटिंग में आपके ब्रांड को बढ़ावा देने के लिए सोशल मीडिया पर बड़ी संख्या में लोगों के साथ साझेदारी करना शामिल है। यह आपके लक्षित दर्शकों तक पहुंचने और ब्रांड जागरूकता बढ़ाने का एक अत्यधिक प्रभावी तरीका हो सकता है।

Ques : मैं अपने ब्रांड को बढ़ावा देने के लिए वीडियो मार्केटिंग का उपयोग कैसे कर सकता हूं?

Ans : वीडियो मार्केटिंग में आपके ब्रांड को बढ़ावा देने के लिए आकर्षक और सूचनात्मक वीडियो बनाना शामिल है। इसमें वीडियो विज्ञापन, उत्पाद डेमो, व्याख्याता वीडियो और बहुत कुछ शामिल हो सकते हैं। वीडियो कहानी कहने का एक शक्तिशाली माध्यम है और अपने लक्षित

<u>**Digital Marketing Guide**</u>

दर्शकों तक पहुँचने और उन्हें जोड़ने का एक अत्यधिक प्रभावी तरीका हो सकता है ।

Ques : मैं अपने डिजिटल मार्केटिंग प्रयासों को बेहतर बनाने के लिए मोबाइल ऑप्टिमाइज़ेशन का उपयोग कैसे कर सकता हूँ?

Ans : मोबाइल अनुकूलन में यह सुनिश्चित करना शामिल है कि आपकी वेबसाइट और डिजिटल मार्केटिंग सामग्री मोबाइल उपकरणों के लिए अनुकूल है । इसमें उत्तरदायी डिज़ाइन, तेज़ लोड समय और आसान नेविगेशन का उपयोग करना शामिल है । अधिक से अधिक लोग इंटरनेट का उपयोग करने के लिए मोबाइल उपकरणों का उपयोग कर रहे हैं, प्रभावी डिजिटल मार्केटिंग के लिए मोबाइल अनुकूलन आवश्यक है ।

Ques : विज्ञापन का मुख्य लक्ष्य क्या है ?

a) ब्रांड जागरूकता बढ़ाने के लिए

b) लोगों को उत्पाद या सेवा खरीदने के लिए राजी करना

c) किसी उत्पाद या सेवा के बारे में जानकारी प्रदान करने के लिए

d) उपरोक्त सभी

उत्तर: d) उपरोक्त सभी

Digital Marketing Guide

Ques : विज्ञापन के चार मुख्य प्रकार कौन से हैं?

a) प्रिंट, टेलीविजन, रेडियो और ऑनलाइन

b) आउट-ऑफ-होम, डायरेक्ट मेल, ईमेल और टेलीमार्केटिंग

c) उत्पाद प्लेसमेंट, गुरिल्ला विपणन, अनुभवात्मक विपणन, और देशी विज्ञापन

d) लाइन के ऊपर, लाइन के नीचे, लाइन के माध्यम से और ऑफलाइन

उत्तर: a) प्रिंट, टेलीविजन, रेडियो और ऑनलाइन

Ques : पुश और पुल मार्केटिंग में क्या अंतर है?

a) पुश मार्केटिंग तब होती है जब कोई कंपनी किसी उत्पाद या सेवा को सक्रिय रूप से बढ़ावा देती है, जबकि पुल मार्केटिंग तब होती है जब कोई कंपनी निष्क्रिय रूप से ग्राहकों के आने का इंतजार करती है

b) पुश मार्केटिंग तब होती है जब कोई कंपनी किसी उत्पाद या सेवा को बढ़ावा देने के लिए प्रभावित करने वालों का उपयोग करती है, जबकि पुल मार्केटिंग तब होती है जब कोई कंपनी सशुल्क विज्ञापन का उपयोग करती है

<u>Digital Marketing Guide</u>

c) पुश मार्केटिंग तब होती है जब कोई कंपनी ब्रांड जागरूकता बनाने पर ध्यान केंद्रित करती है, जबकि पुल मार्केटिंग तब होती है जब कोई कंपनी बिक्री बढ़ाने पर ध्यान केंद्रित करती है

d) पुश मार्केटिंग तब होती है जब कोई कंपनी पारंपरिक मार्केटिंग विधियों का उपयोग करती है, जबकि पुल मार्केटिंग तब होती है जब कोई कंपनी डिजिटल मार्केटिंग विधियों का उपयोग करती है

उत्तर: a) पुश मार्केटिंग तब होती है जब कोई कंपनी किसी उत्पाद या सेवा को सक्रिय रूप से बढ़ावा देती है, जबकि पुल मार्केटिंग तब होती है जब कोई कंपनी निष्क्रिय रूप से ग्राहकों के आने का इंतजार करती है।

Ques : देशी (Native) विज्ञापन क्या है?

a) विज्ञापन जो संपादकीय सामग्री के रूप में प्रच्छन्न है

b) विज्ञापन जो मशहूर हस्तियों का उपयोग करता है

c) विज्ञापन जो सीधे ग्राहकों को बेचा जाता है

d) विज्ञापन जो केवल मोबाइल उपकरणों पर दिखाया जाता है

उत्तर: a) विज्ञापन जो संपादकीय सामग्री के रूप में प्रच्छन्न है

Ques : एसईओ क्या है?

Digital Marketing Guide

a) सोशल इंजन अनुकूलन

b) खोज इंजन अनुकूलन

c) सामाजिक घटना अनुकूलन

d) खोज घटना अनुकूलन

उत्तर: b) खोज इंजन अनुकूलन

Ques : SEO में कीवर्ड का उपयोग करने का उद्देश्य क्या है?

a) वेबसाइट डिजाइन में सुधार करने के लिए

b) वेबसाइट ट्रैफिक बढ़ाने के लिए

c) वेबपेज के विषय को समझने में सर्च इंजन की मदद करने के लिए

d) वेबसाइट रूपांतरण दर बढ़ाने के लिए

उत्तर: c) सर्च इंजन को वेबपेज के विषय को समझने में मदद करने के लिए

Ques : SEO में बैकलिंक्स क्या हैं?

a) किसी वेबपेज को किसी अन्य वेबसाइट से लिंक करता है

b) एक ही वेबसाइट के भीतर एक वेबपेज से लिंक करता है

c) सोशल मीडिया से वेबपेज के लिंक

d) किसी बाहरी स्रोत से वेबपेज से लिंक करता है

उत्तर: a) दूसरी वेबसाइट से एक वेबपेज को लिंक करता है

Ques : SEO में मेटा टैग का क्या महत्व है?

a) वे वेबपेज के विषय को समझने में सर्च इंजन की मदद करते हैं

b) वे वेबसाइट डिजाइन में सुधार करते हैं

c) वे वेबसाइट ट्रैफिक बढ़ाते हैं

d) वे वेबसाइट रूपांतरण दर बढ़ाते हैं

उत्तर: a) वे वेबपेज के विषय को समझने में सर्च इंजन की मदद करते हैं

Ques : ब्लैक हैट और व्हाइट हैट SEO में क्या अंतर है?

a) ब्लैक हैट एसईओ वेबसाइट रैंकिंग में सुधार के लिए अनैतिक तरीकों का उपयोग करता है, जबकि व्हाइट हैट एसईओ नैतिक तरीकों का उपयोग करता है

b) ब्लैक हैट SEO पेड SEO है, जबकि व्हाइट हैट SEO फ्री SEO है

c) ब्लैक हैट SEO बड़े व्यवसायों के लिए है, जबकि व्हाइट हैट SEO छोटे व्यवसायों के लिए है

Digital Marketing Guide

d) ब्लैक हैट SEO ऑन-पेज ऑप्टिमाइजेशन का उपयोग करता है, जबकि व्हाइट हैट SEO ऑफ-पेज ऑप्टिमाइजेशन का उपयोग करता है

उत्तर: a) ब्लैक हैट SEO वेबसाइट रैंकिंग में सुधार के लिए अनैतिक तरीकों का उपयोग करता है, जबकि व्हाइट हैट SEO नैतिक तरीकों का उपयोग करता है

Ques : किसी वेबसाइट की पेज स्पीड उसके SEO को कैसे प्रभावित कर सकती है?

a) तेज़ पृष्ठ गति खोज इंजन पर वेबसाइट की रैंकिंग में सुधार कर सकती है

b) तेज़ पृष्ठ गति वेबसाइट की बाउंस दर को कम कर सकती है

c) तेज़ पृष्ठ गति वेबसाइट की रूपांतरण दर बढ़ा सकती है

D । उपरोक्त सभी

उत्तर: d) उपरोक्त सभी

Ques : SEO के लिए मोबाइल फ्रेंडली वेबसाइट होने का क्या महत्व है?

a) Google अपने खोज परिणामों में मोबाइल के अनुकूल वेबसाइटों को प्राथमिकता देता है

b) मोबाइल के अनुकूल वेबसाइटों की क्लिक-थ्रू दर अधिक होती है

c) मोबाइल के अनुकूल वेबसाइटों की रूपांतरण दर अधिक होती है

d)उपरोक्त सभी

उत्तर: d) उपरोक्त सभी

Ques : SEO में साइटमैप और robots.txt का क्या उद्देश्य है?

a) सर्च इंजन को वेबसाइट के सभी पेजों को खोजने और इंडेक्स करने में मदद करने के लिए

b) सर्च इंजन को किसी वेबसाइट पर कुछ पेजों को इंडेक्स करने से रोकने के लिए

c) उपयोगकर्ताओं के लिए वेबसाइट नेविगेशन में सुधार करना

d) वेबसाइट ट्रैफिक बढ़ाने के लिए

उत्तर: a) सर्च इंजन को वेबसाइट के सभी पेजों को खोजने और इंडेक्स करने में मदद करने के लिए

Ques : उच्च-गुणवत्ता वाली सामग्री बनाने से किसी वेबसाइट के SEO को कैसे लाभ हो सकता है?

a) उच्च गुणवत्ता वाली सामग्री वेबसाइट पर बैकलिंक्स को आकर्षित कर सकती है

b) उच्च गुणवत्ता वाली सामग्री वेबसाइट की व्यस्तता और समय को बढ़ा सकती है

c) उच्च गुणवत्ता वाली सामग्री वेबसाइट को प्रासंगिक खोजशब्दों के लिए रैंक करने में मदद कर सकती है

d) उपरोक्त सभी

उत्तर: d) उपरोक्त सभी

Krishan Kant Chura

Digital Creator (Youtuber)

Digital Marketing Guide

Krishan Kant Chura is a multi-talented professional known for his expertise in blogging, writing, tech YouTuber and digital marketer . He is a prolific author and blogger with a passion for technology and a talent for explaining complex concepts in an easy-to-understand way. He is a popular tech YouTuber who shares his knowledge and experience with others through his engaging and informative videos. He's also a highly skilled digital marketer, and his strategies have helped many businesses to reach their target audience and achieve their goals. He is a creative and dedicated professional who is always seeking new challenges and opportunities to learn and grow.

Scan To Subscribe **us on Youtube**

THANK YOU

9 798888 519805